精准表达

陌　漠　编著

吉林文史出版社

图书在版编目（CIP）数据

精准表达 / 陌漠编著. -- 长春 : 吉林文史出版社, 2019.7（2024.8重印）

ISBN 978-7-5472-5995-5

Ⅰ. ①精… Ⅱ. ①陌… Ⅲ. ①语言艺术—通俗读物 Ⅳ. ①H019-49

中国版本图书馆CIP数据核字(2019)第043629号

精 准 表 达

JINGZHUN BIAODA

编　　著　陌　漠
责任编辑　张雅婷
封面设计　末末美书
出版发行　吉林文史出版社有限责任公司
地　　址　长春市福祉大路5788号
电　　话　0431-81629353
网　　址　www.jlws.com.cn
印　　刷　北京永顺兴望印刷厂
开　　本　880mm × 1230mm　1/32
印　　张　4
字　　数　80千
版　　次　2019年7月第1版　2024年8月第2次印刷
定　　价　19.80元
书　　号　ISBN 978-7-5472-5995-5

前 言

\PREFACE\

表达，是一件每天都在发生的事情，表达，是一门人人都要掌握的交流工具。表达，既简单又深奥。说它简单，是因为我们每天都在说话，都在有意无意地进行表达。说它深奥，是因为表达的内容林林总总，表达的形式千变万化，表达的对象各不相同，绝不仅仅是日常的说话那么简单。表达是一种技巧，一种学问，一门艺术。

在今天这样的信息时代，人们的文化视野、交际视野开阔了，有越来越多的场合须要公开地发表意见、用语言来打动别人。自我推荐、介绍产品、主持会议、商务谈判、交流经验、鼓励员工、化解矛盾、探讨学问、接洽事务、交换信息、传授技艺，还有交际应酬、传递情感和娱乐消遣都离不开口头表达。另外，看一个人是否有能力，这些能力能否被表现出来，在很大程度上取决于他是否能精准地表达出来。因此，精准的表达能力就成了衡量一个人是否有能力的重要标准之一。

说话看似很简单，但是要说出有水平，容易被人理解、接受的话则须要掌握一定的技巧。说话的根本目的在于表达和沟通，懂不懂说话和精准表达的技巧，沟通的效果将大相径庭。一个会说话的人，遇见陌生人时，知道如何说话能跟对方达成一种“一见如故”的默契；和同事共事时，知道如何说话能得到大家的欢迎；拜访客户时，知道如何说话表达才能赢得客户的心，从而决定购买自己的产品；再如跟恋人或朋友说话时，知道怎样给对方带来乐趣，加深彼此间的感情……而那些不会说话、不擅长表达的人，笨嘴拙舌、词不达意，说出很多废话，不能与别人进行有效的沟通，不仅会坐失良机，也很难在事业上有出人头地的发展，若出言不当还会立刻四面楚歌。真所谓“一句话能把人说得笑，一句话也能把人说得跳”。

如果你想提高说话技巧，成为一个精准表达的高手，请仔细阅读本书。你会发现，那些具体翔实的事例、颇有韵味的语言，不仅仅是在讲述一种说话技巧，更是在告诉你一种生活的智慧。其实这也是我们推出本书的初衷。因此，希望每一位读完这本书的读者都能从中有所收获，希望它能成为你的良师益友。

目 录

\CONTENTS\

/第一章/

说好开场白，打开陌生的闸门

第一句话很重要，设法吸引别人的注意

开场白开得不好就等于白开场。人与人见面讲究第一印象，俗话说：“好的开始是成功的一半。”这足以说明开场白的重要性。

俄国大文学家高尔基说：“最难的是开场白，就是第一句话，如同在音乐上一样，全曲的音调，都是它给予的。平常却又得花好长时间去寻找。”高尔基的话形象地点出了第一句话的重要性。它如同音乐的定调，引导着全曲的基本面貌和基本风格。而另一方面，吸引人心的第一句话不是那么容易找到的，它须要靠个人钻研和琢磨。

我们和陌生人的第一句话是非常重要的，所有的交际能手并非一味地只顾表现自己，而是善于也乐于同陌生人交流。他们通常会有良好的开场白，通过主动、热情、到位的言语，努力探寻对方感兴趣的或者正在关注的话题，赢得对方好感，逐渐拉近双方距离，进而得到深入交流的机会。交谈中的第一句话对于接下

来的交流会起到推波助澜的作用。

第一句话说好了，就与对方的距离拉近了，才能顺利地与对方建立信任，引起对方的兴趣。不要小看这短短的开场白，它将决定此后你所说的每一句话的结果。听者将根据你给他留下的第一印象来决定是否耐心并真诚地聆听你后面所说的话。因此，只有开场白新颖、奇趣，才能吸引对方的注意力，从而为接下来要说的话铺桥搭路。

开场白要在开头就地取材、临场发挥。它的方法有很多，你可以讲当场的情景、当日的天气，或者谈谈自己的感受，或接过上一位说话人的话茬儿。

不管你如何开头，总的要旨不变，那就是抓住听众、打开局面。切不可故弄玄虚，或者东拉西扯、不着边际。当然，开头还必须切合话题、简明扼要。

有了一个引人入胜的开场白，能够迅速引起听众对你的兴趣和好感。第一炮打响之后，要把握住有利时机，及时切入正题，乘胜前进。

那么，怎么才能说好第一句话呢？

1.问句开场白

一些有经验的演讲者都会选择在演讲开始的时候先提出一个问题，使听众按照他的思路去思考问题，同时使对方有一种想知道答案的欲望，听众的精力自然就被集中了。

我们不妨看一个培训师给学员上课时的开场白：

“亲爱的学员们，你们好！在正式开课前，我想先和大家分享一个故事。有三个人都去找一位老师拜师学武。这三个人千辛万苦才找到老师，老师向他们提出了一个问题，问他们学武的目的是什么，动机是什么。第一个徒弟说：‘我来学习武功，是要强身健体。’第二个徒弟说：‘我来学习武功，主要是因为我太胖了，要减肥。’第三个徒弟说：‘我来学习武功，是因为村庄附近有强盗和土匪，我须要保护家庭的安全。’各位朋友，你觉得哪一个人会学得比较好呢？同样，你们来参加这个培训，自己又是抱着什么样的目的呢？”

我们进行开场白的时候也可以效仿那些演讲者，以问句作为开始。这样就可以立刻抓住对方的注意力。但有一点要注意的是，我们提出的问题要恰到好处、不宜过多，达到抛砖引玉的目的即可，否则只会适得其反。

演讲一开始就提出问题，这个问题一定要让人有足够的兴趣，或者有足够的悬念，让听众愿意顺着所提的问题去思考，甚至有一种急切地想知道答案的想法，急切地等你讲下去。值得注意的是，提出的问题要新颖，不要过于简单，要让听众能从你的问题中有所获益。

2.以小故事作为开场白

为开场白准备的小故事，可以是寓言，也可以是引人发笑的小笑话，也可以是新闻上的小故事，但一定要吸引对方且与自己的话题相关。

在一个如何将小孩子培养为社会精英的演讲中，演讲者是这样开场的：

“今天非常高兴和大家谈谈青少年精英教育的问题。前几天我看到一个报道，有一个小学生，每天都要带父母剥了蛋壳的鸡蛋到学校去吃。有一次，父母忘记给鸡蛋剥壳，这个孩子对着鸡蛋，却不知道如何下口。结果，这个孩子将鸡蛋带回家了。母亲问孩子为什么不吃鸡蛋，孩子回答说：‘没有缝，我怎么吃！’笑过之后，我不禁反思，未来是精英的社会，如何把孩子培养成精英是每个父母最关心的事。但是，如果一个孩子连自立的能力都没有，即使读再多的书、学再多的知识，又有什么用？我认为，注重培养孩子的独立生活的能力和战胜困难的勇气，这是让孩子成为精英的第一步。”

从这个小故事里，大家都听明白了演讲者所要表达的观点，而听众也能轻易得出结论，那些没有自立能力的孩子，将来不可能成为社会精英。

引人发笑的故事本身就具备引起人兴趣的魔力，如果运用得当，将是非常好的开场白。

大多数情况下，只要这个故事有具体的时间、地点、人物和故事情节，并且与你要讲的主要内容相契合，那么这个小故事就已经合格，就足可以吸引对方。

3.赞美式的开场白

人人需要赞美，人人也都喜欢赞美。因此当你做开场白的时候，就可以用上这一招。

“你的皮肤真好”“你的穿着打扮真有品位”，这些赞美方式的开场白日渐受到人们的重视。遇到杭州人，可以跟对方说：“杭州是个好地方啊，‘欲把西湖比西子，淡妆浓抹总相宜’啊。”

在开场白中使用赞美对方的话语，能够吸引对方的注意力。但是赞美也绝非是一件容易的事，如果没有掌握赞美他人的技巧，即使赞美别人表现得很真诚，也不会赢得对方的关注和亲近。

4.以感激作为开场白

感谢是开场白的万能工具，几乎在任何场合都能使用。

贝尔那·科弟埃是“空中汽车”制造公司的著名销售专家。当他被推荐到“空中汽车”公司时，他面临的第一项挑战就是向印度销售汽车。这是一件棘手的任务，因为这笔交易在印度政府初审时并未被批准，能否重新寻找到成功的机会，全靠销售员的谈判本领了。

作为特派的谈判专家，科弟埃深知肩上的重任，他稍做些准备就飞赴新德里。接待他的是印航主席拉尔少将。科弟埃到印度后，对他的谈判对手讲的第一句话是：“正因为您，使我有机会在我生日这一天又回到了我的出生地。”

这是一句非常得体的开场白，同时这句话表达了好几层意思，感谢主人接洽的时机，让他在自己生日这个值得纪念的日子来到印度，而且富有意义的是，这里是他的出生地。这个开场白拉近了科弟埃与拉尔少将的距离。

感谢式开场白的语言门槛不高，只要点名现场相关情况，同时感谢一下对方即可。而感谢式的开场白容易被人接受，感谢能够让对方心情愉悦，从而使双方的关系更加融洽。

5.即情即景

在演讲的时候，一般都是走上台就开始你的内容。但是，如果能以眼前的事物为话题，将听众引到你的演讲主题上去，这样可以激发听众兴趣。

为了纪念葛底斯堡战役的阵亡将士，美国建立了葛底斯堡国家烈士公墓。在落成典礼那一天，国务卿埃弗雷特出席讲话。他站在台上，看到眼前的人群，抬头又看到远处的麦田和果园，放眼望去，又看到远处的山峰，于是说道："站在明净的天空下，从这片人们终年耕耘而今已安静憩息的辽阔田野上放眼望去，那雄伟的阿勒格尼山隐隐约约地耸立在前方，兄弟们的坟墓就在脚下，我真不敢用我这微不足道的声音打破上帝和大自然所安排的这无穷的宁静。但我必须承担你们交给我的责任，我祈求你们，祈求你们的宽容和同情……"

听众们听到这样的开场白后，一个个深深地哀思，并且忍不住热泪盈眶。

这段演讲的开头，并没有按照原先的计划，而是触景生情，并把大家引到演讲的话题中，最后取得了良好的演讲效果。值得注意的是，即情即景不是让你离题万里，而是为了更好地映衬演讲的主题。

6.借助物品进行开场白

俗话说"口说无凭"，如果在你进行谈话时，还有一件物品作为陪衬的话，那么你的这段话语就更具说服力。

有一次，卡耐基在一所学校发表演讲，他别出心裁地拿出几根头发展示给听众。接着卡耐基问听众："你们都知道头发是长在头上的，但这几根为什么掉下来了呢？"

一句话引起了听众的注意，开始专心致志地等待卡耐基的演讲。卡耐基接着说："这就是烦恼的作用。如此乌黑的头发长在头上是多么漂亮，可是它却无可奈何地离开了养育它的'土地'。我们为什么要烦恼呢？"

卡耐基仅仅用了几根头发，就给他的听众留下了深刻的印象。用物品作为开场白，并利用物品道具所独有的特色，吊足听众的胃口，让听众产生一种期待心理，渴望通过自己的努力找到答案，而答案又被设定在演讲者的演讲内容中，这样可以很轻松地抓住听者的注意力。

用物品作为开场白的辅助工具是有一定作用的。但是要注意的是，一定要找与你的话题内容相关、有助于你表达的物品。

初次见面，寻找谈话内容有套路

初次交往的成败与否，关键要看如何冲破两个人之间的隔膜。如果你用第一句话吸引对方，或是讲对方比较了解的事，那么，第一次谈话就不仅仅是形式上的客套了。如果运用得巧妙，双方会因此打成一片，变得容易相处了。

比如，在一个严冬的夜晚，参加某活动时与一位陌生人见面，"今晚好冷"这句话自然会成为你们之间所使用的开场白。单纯地使用它，虽然也能彼此引出一些话题，但这些话也可能对彼此无关紧要，这样，再深一步地交谈也就困难了。但是，如果你这样说："哦，今晚好冷！像我这种在南方长大的人，尽管在这里住了几年，但对这种天气还是难以适应。"如果对方也是在南方长大的，就会引起共鸣，接着你的话头说出一些有关的事。如果对方是在北方长大的，他也会因为你在谈话中提到了自己的故乡在南方，而对你的一些情况产生兴趣，有了想进一步了解你的欲望，这样就可以把交谈引向深入。而且把自我介绍与谈话有机地结合，也不致令人觉得牵强、不自在。人们在不知不觉之中，就放弃了戒备的心理，从而产生了"亲切感"。

有的人采用一种很自然的、叙述型的谈话开头，也能给人一种亲切感，同时还能让人想继续向他询问一些细节。

交往中的第一句话，绝不只是可有可无的寒暄。

1.把礼字摆在第一位

小齐是上海一家文化传媒公司的经理秘书，负责接待从北京过来担任公司短期培训顾问的袁教授。在机场初次见面简单问好之后，小齐说道："袁教授您肯定不常来上海，这几天我带您到几个著名的景点去逛逛，让您看看上海的新面貌……"袁教授表情冷淡地回应："不必了，我本身就是上海人，当初我在上海的时候你还没出生呢。"

袁教授的反应出乎小齐的意料，却又在情理之中。

小齐本是好意，想要在初次见面时拉近双方的距离，营造出轻松、活跃的氛围，但她的第一句话拿捏得并不恰当，她的表达没有让袁教授感觉到亲近。

如果小齐换一种方式和袁教授说话，袁教授的反应还会跟之前一样吗？她可以这样问："袁教授，您去过不少地方，见多识广，哪个城市给您留下的印象最深刻呢？不知道您对上海的评价怎样？您一路辛苦了，这几天的活动就交给我来安排吧……"显然，如果小齐能在与袁教授初次见面时，运用更妥当的表达方式，接下来的接待过程将会顺利得多。

第一次见面时，双方还只是素不相识的陌生人，因此，整个互动实际上是一个敏感而充满疑虑、试探的过程，第一句话也就显得尤为重要。这是打消对方的疑虑，增进双方信任感和安全感的关键点。

2.尽力了解陌生者的信息

与陌生人交往，说好第一句话最重要的一点当然是选择合乎时宜的内容，而这是一个动态的过程，须要结合对方的身份、年龄、偏好，以及当时所处的情境等方面综合考虑。有一些原则是通用的：首先你要带着真诚和热情开始你们的交流，你是否真心要建立起交流关系，在你开口说话之前就能通过你的眼神为对方所感知；其次是要以尊重和包容为前提，无论对方和你处于怎样的情境和关系，尊重是你开口说话时应该带有的最基本的感情基调。再次是要带着兴趣去观察对方的特点、偏好，这有助于你有针对性地选择谈话内容。

3.设法吸引陌生者的注意

你可以考虑通过以下3种方式，找出你们的第一个话题：

（1）从对方的地域找话题。一个人的口音就是一张有声的名片。我们可以从口音本身及其提供的地域引起很多话题。例如，从乡音说到地域，从地域说到他家乡的风土人情、名胜古迹等。

（2）从有关的物件中找话题。例如，客户办公室放有杂志，可以从杂志找话题。还有一些物品是可以作为谈话的内容，用试探的口气来问的。比如，从询问对方拥有的某一产品的产地、价格等，以此为话题和对方搭讪，找到说话的机会。

（3）从对方的衣着穿戴上找话题。一个人的衣着、举止在一定的程度上可以反映出人的身份、地位和气质，同样可以作为你判断并选择话题的依据。比如，你所见的人开了一辆宝马，手上戴了一块劳力士，你就可以主动问："如果我没有猜错的话，您一定是位商界中的佼佼者！"对方会有几分吃惊地说："你真是好眼力！"紧接着，很多与企业生产、经营有关的话题就可以谈了。即使你猜错了也不要紧，因为你把他看成企业家本身是高看他，对方心里也会高兴，并会礼貌地说出自己的真正身份。

介绍有学问，让陌生变得熟悉

参加聚会时，经常会自己带朋友去参加饭局，这时，要介绍自己的朋友给大家认识。介绍他人，是指在社交场合中把某人介绍、引荐给其他人相识的过程。介绍者的介绍如同一条纽带，连接着互不相识的两方，这根"纽带"是否柔韧有力决定着被介绍双方能否顺利、成功地开展交流。

善于介绍他人，一方面是展示自己在社交场合中左右逢源的表现力；另一方面体现着自己为人处世的能力和素养，能够提高自己的威信和影响力。在介绍别人的过程中，我们要做到正确无误、大方得体，这样才能真正起到增进交流的作用。

如何让两个原本不相识的陌生人认识，其中一些注意事项是不得不重视的。

1.介绍要注重顺序

为他人作介绍的先后顺序，即先把谁介绍给谁的问题，其中是颇有些规矩和讲究的，牵涉到长幼尊卑的礼节，因此只有照此行事，才是正确的选择。

姚岚是某大型企业的公关经理，一次，公司举办一个大型的新品展示会，会后安排了大型的酒会，接待从全国各地前来参会的客户。

一般来说，都是由宴会的主办方担当起介绍人的重任，来为他人做介绍。这时，必须遵守“尊者优先”的原则，将他人介绍给尊贵客人，以显示对尊贵客人的尊重和重视。

一般来说，介绍别人的顺序有以下6种：

（1）把男性介绍给女性。照西方的习俗，应该先把男性介绍给女性，继而把后者介绍给前者。这是“女士优先”精神的具体体现，反映了对女性的尊重。如果是按照东方人的习俗，假若男性较年长，地位又较高的话，则不妨先介绍女性。这样是不会错的，因为东方人都有这种倾向。如果是年龄相仿，又处在相同的地位的话，则不妨照着西方的方式，先把男性介绍给女性。

（2）把晚辈介绍给长辈。即事先考虑被介绍人双方的年龄差异，以长者为尊。

（3）把职位低者介绍给职位高者。它适用于比较正式的场合，特别适用于职业相同的人士之间。

（4）把未婚者介绍给已婚者。它仅仅适用于介绍人对被介绍双方非常了解的前提下。如果拿不准的话，可以从其他角度出发进行选择。

（5）把客人介绍给主人。它适用于来宾众多的场合，尤其是主人未必与客人个个相识的时候。若要把客人介绍给父母，则应该先介绍母亲。如果在客人之间进行介绍，一般是把晚到的客人介绍给早到的客人。

（6）把个人介绍给团体。常常是在众人之前介绍一个人。如果有的时候须要把在场的人一一介绍给一个人时，则应该按照一定的次序，如顺时针方向或逆时针方向，自右至左或自左至右，依次进行，不应该挑三拣四地“跳跃式”进行，否则会伤害被“跳”过去的那些人的感情。

2.介绍要实事求是

在给他人作介绍时，首先要实事求是、简明扼要地介绍双方各自的情况，如姓名全称、职位、与自己的关系以及认识对方的目的，等等，令双方知道如何称呼彼此以及明白双方交流的意义。

在介绍对方时切忌厚此薄彼，不可以对一方介绍得面面俱到，而对另一方只用寥寥数语。也不可以对一方冠以“这是我的好朋友”，而不给另一方以“同等待遇”。在说明自己与一方的关系时，不要忘了提及其名字，如“这是我的邻居”的说法就缺乏必要的姓名提示。

其次，在介绍他人时要附加必要的说明以提示话题，在介绍完双方的基本情况后，介绍者不应该急于离开，应给双方进一步交谈沟通创造条件，把个人的特点选择一些介绍出来给双方做参考。

在介绍一方时，目光应该热情地注视对方，目光移向别处或者游离不定是对被介绍人的不尊敬，同时，应该注意微笑着用自己的视线把另一方的注意力引导过来。

为他人做介绍时，要准确介绍双方各自的身份、地位等基本情况。介绍时，要遵照受尊敬的一方有了解对方的优先权原则。

为他人作介绍时，手势动作应当雅观。必要时，可以说明被介绍的一方与自己的关系，以便新的朋友之间相互了解和信任。

3.介绍要注意表达方式

在表达方式方面，我们可以多做点文章，以此来营造轻松、愉快的氛围。首先可以根据被介绍者的典型特征，灵活运用多种句式来活跃气氛，特别是被介绍人数较多的时候，千篇一律的“这是×××”的句式就会显得十分单调无聊，简简单单的一个名字也不能引起另一方的关注。

相反，采用既有重点又灵活多变的表达方式创造的效果则好得多，如：“你读过小说《×××》吧，这位就是作者×××。”“去年的高校田径运动会上，有一位身材小巧的女孩获得了女子跳远的第一名，为我们学校赢得了荣誉，这位女孩此时正坐在我们中间，她就是×××。”“××是我们单位个头儿最高的，足有190厘米呢！”……这些言简意赅的介绍能够很快地给另一方勾勒出被介绍者生动独特的形象，令对方过“耳”不忘。

其次，由于每个人的姓名差不多都是父母煞费苦心想出来的，我们如能从被介绍者的姓名中挖掘出有意思的内涵，则既能消除双方的紧张、矜持的心理，又能让对方牢记被介绍人的姓名。例如：“她叫艾思，这位姑娘确实人如其名，平时爱读书、爱思考，写出来的文章很有灵气！”“这位小伙子姓高名士品，他跟高士其先生可没有任何亲戚关系哦！”……根据姓名的谐音或字面意思推导出来的引申意义，只要言之成理、语言恰当，都能令对方会心而笑。

在介绍时，要注意介绍的语言及其表达方式和自我介绍一样，语音应该清晰准确，不要让人听不清或听错，语言要得体、庄重、文雅、合乎礼节和场合。

最客气的介绍方式就是以询问的口吻问：“赵小姐，我可以介绍王小姐给您认识一下吗？”在把一位朋友介绍给一位老师或一位年长的人的时候，采用这一方式是很得体的。

在朋友们和年龄、地位大致相仿的人们中间，可以采用一种比较简单的方式：“王小姐，许先生。”在有许多人需要介绍的盛大集会上，这是一种很方便的方式。

还有一种较为随便的朋友式的介绍方式：“高先生，你认识王小姐吗？”这种介绍方式不言而喻地表示：王小姐，是要互相认识的两个人中比较重要的一个。

当然，在介绍中还可以使用许多别的语句，如：“王小姐，这是许先生。”“高先生，我希望你和王小姐见见面。”“陈太太，这是我的朋友王小姐。”不要说“请和许先生见见面”。有时，也有人这样说，但是这是不礼貌的。

恰当的称呼，让人很受用

在和陌生人沟通时，恰当地称呼别人十分重要，一个恰当的称呼可以说到别人的心坎里，让别人更容易接受你。而不恰当的称呼则可能让别人的心里不舒服，进而影响接下来的交往。

在社交中，称呼是必不可少的。在商场交往中，人们对称呼是否恰当十分敏感。尤其是初次交往，称呼往往影响交际的效果。有时因称呼不当会使交际双方发生感情上的障碍。不同时代、不同国家、不同地区、不同社会集团之间都有不同的称呼，但也有共同的称呼，如太太、小姐、女士、先生。

因此，你必须懂得恰当地称呼别人，这样别人心里才会感到舒服，进而增进双方的感情。

1.多使用客气的称呼

有一位善于交际的朋友，在不同场合他都能结识很多新人。他是怎么做的呢？他对比自己小的年轻人总是很亲切地直呼其名，并以亲如兄长般的态度赢得小弟小妹们的尊敬与喜爱。即使在他生病住院期间，他也能与医务人员打成一片。他曾说："与人交往，首先要学会恰当地称呼人，这样才能使人对你产生好印象。"

事实确实如此，就拿找人来说，你如果说："喂，总经理在哪里？"被问的人肯定不会理你。如果你礼貌地说："你好，请问王总去哪儿了？"那他则会很乐意地告诉你。

当然，称呼还要合乎常规，要照顾到被称呼者的个人习惯，同时，还要注意入乡随俗。而根据场合，又可以分为工作中的称呼和生活中的称呼两种，在具体实践中各有不同。在日常交往中，称呼应当亲切、自然、准确、合理。

使用称呼还要注意主次关系及年龄特点。如果对多人称呼，应以先长后幼、先上后下、先疏后亲的顺序为宜。如在宴请宾客时，一般要按女士、先生、朋友们的顺序称呼。

客气的称呼会使对方感到愉快。在有些场合，如果你适当地喊出对方的名字，更会使人感到亲切愉快。

2.告诉他人他的头衔何等重要

倘若你想改善某个人某方面的缺点，你就要学会表示出他已经具有这方面的优点了。如果对方有你所要激发的美德，就要给他一个美好的名誉，那样，他会尽其所能去实现、去达到这个水准，相信我，他是不愿意使你感到失望的。

在工作岗位上，人们彼此之间的称呼是有其特殊性的，应当庄重、正式、规范。在工作中，最常用的称呼方法，就是以交往对象的职务相称，以强调其特殊身份及自己的敬意。比如"陈总（经理）""王处长"等。对于具有职称者，尤其是具有高级、中级职称者，可以在工作中直接以其职称相称，如“侯教授”“张工”等。而以头衔作为称呼，则能增加被称呼者的权威性，更加有助于增强现场的学术气氛，如“陈博士”等。

3.给他人一个好听的头衔

告诉他人他的头衔何等重要，可以给他人一种“权威”“重要人物”“关键人物”的感觉，如果你希望某个人能够按照你希望的去做事——不如告诉他他很重要，让他自愿去做这件事。

事实上，无论是富人、穷人，还是乞丐、盗贼，都是重视名誉的。人人都有虚荣心和自我实现的愿望，所有人都愿意竭尽所能，去得到他人给予的美名，并且保持别人赠予他的美名。

给他一个头衔，使他感觉自己是重要的。他会愿意保持你给他的“重要”“美好”的形象评价。

/第二章/

巧妙表达，摸清对方真实意图

投石问路，了解对方的真实意图

投石问路是一种常用的策略，是一种向对方的试探。它在谈判中常常借助提问的方式，来摸索、了解对方的意图以及某些实际情况。

不会提问的人，往往在交谈中处于弱势。《孙子兵法》说，知己知彼，方能百战百胜。摸不清楚对方的心理情况，就贸然地说出自己的观点，其结果也是很难摸得清楚的。这种低效率的事情，聪明人是从来不做的。

1.让对方主动提供资料

对于买主而言，投石问路可以帮助其从卖主那里得到卖主很少主动提供的资料，来分析商品的成本、价格等情况，以便做出自己的抉择。

例如，当你作为买主，出于不同的目的，可以投出不同的“石”去问路。

当你在讨价还价时，可以提出下列问题：

“假如我们订货的数量加倍，或者减半呢？”

“假如我们和你们签订一年的合同，或者更长时间的合同呢？”

“如果我们做这个保证，你有何想法？”

“假如我们自己提供材料呢？”

“假如我们要求改变产品的规格呢？”

“假如我们采取分期付款的方式呢？”

“假如我们自己解决运输问题呢？”

当你想取得对方的情报，获取所需要的信息时，可以提出下列问题：

“请您告诉我，为什么半个月后才可以发货？”

“请问这批货物的出厂价是多少？”

“请问，提货地点在哪里？”

“究竟什么时候才能到货？”

当你想引起对方的注意，并引导他的谈话方向时，可以这样提出问题：

“您能否说明一下，这种类型的商品的修理方法？”

“如果我们大批订货，你们公司能不能充分供应？”

“您有没有想过要增加生产，扩大一些交易额？”

“请您考虑签订一份三年的合同，好吗？”

当你希望对方做出结论时，可以这样提问：

“您想订多少货？”

“您对这种产品的样式感到满意吗？”

“这个问题解决了，我们可以签订协议了吧？”

当你想表达己方的某种情绪或思想时，可使用这类问话：

“我们的价格如此低廉，您一定会感到吃惊吧？”（表达炫耀的情绪）

“您是否调查过本公司的财务状况和信用？”（表达自信和自豪的情绪）

“对于那个建议，您的反应如何？”（引起他人注意，为他人思考指引方向）

“请原谅，您是否知道这是达成协议的唯一途径？”（引起对方注意，引导对方自己做结论）

每一个提问都是一粒探路的“石子”，你可以通过对产品质量、购买数量、付款方式、交货时间等提出问题来了解对方的虚实。

同时，不断地投石问路还能使对方穷于应付，如果卖方想要拒绝买方的提问一般是很不礼貌的，面对这种连珠炮式的提问，许多卖主不但难以主动出击，而且宁愿适当降低价格，而不愿疲于回答询问。

当然，并不是买方采取上述方法，就能获得成功，或得到多少便宜。如果卖方采取更高明的手段来回击这种“投石问路”，那么，买方的这种策略就难以奏效。当买主“投石问路”后，卖方稍作解释，就反问对方，使对方处于被动的境地。还可以针对买主想要知道更多情况的心理，进行有意识的引导，提出反问：

“您问的问题我答复了，怎么样，请您考虑我的条件吧？”

“您想知道的情况就是这些，您要的数量大些，就可以享受优惠价格，这个条件，可以接受了吧？”

这样便可把“石子”轻松地扔还给对方。

2.挖出对方的真实需求

在进行谈话的过程中，与客户交流时所要取得的首要信息就是对方的需求。在面对这一问题时，不少人常常习惯于凭借自己的经验主观判断对方，最终却可能错误地判断了对方的需求与偏好。

以下几个案例或许能帮助我们理解适当提问的意义：

顾客：你们还有同类产品吗？

销售员：当然有！（兴奋不已，心想成交了。）

顾客：有多少？

销售员：多得很，因为大家都喜欢买这种机型。

顾客：太可惜了，我喜欢独一无二的产品。

这就是没弄清对方真实需求的回答带来的负面效果。

那么，我们若是在实际销售中遇到这一情况，应当如何进行适当的提问呢？

顾客：你们还有同类产品吗？

销售员：您为什么会问这个问题呢？

顾客：我想知道你们到底有多少同类产品。

销售员：这样啊，您为什么会关心这个问题呢？

顾客：我喜欢独一无二的产品。

在合适的提问下，销售员获得了关于顾客需求的准确信息，这样也就能够灵活处理问题，采取相应办法回应。

再比如，当顾客提出“价格太高”时，销售员常见的反应往往是“价格是高了点儿，不过当你考虑其他优点时，真的会发现价格其实很合理”。但如果试试用恰当的提问来代替，你或许会收到不一样的效果：

顾客：价格太高了。

销售员：所以呢？

顾客：所以我们得说服公司，要先得到某些人的支持……

很多你觉得难以回答的问题，可以试着换过来问问顾客：“你觉得解决这个问题最好的处理方式是什么？”让顾客自己解决自己提出的问题，这会比你通过揣测其心思而做出的解答更为中其下怀。

有销售大师总结，要想获得客户需求信息最好的方式就是提问。提问是发现需求的好方法。

《圣经》上说：“你问就会得到回答。”但并不是所有的提问都会得到你预期的回答。要想得到你需要的回答，还需要提升你提问的技巧。得当的提问可以帮助你处理好与客户的交易，推动销售的进程，但是如果运用得不好，有可能会破坏会谈。太多的问题容易让客户感到被信息塞满了头脑，过于咄咄逼人的问题也会让客户感到像在受审。

因此，必须学会如何设计你的提问，让巧妙的提问有效地帮助你洞察对方的需求，获得对你有利的信息。

要设计出成功的提问，还有几个方面必须注意：

（1）记住用提问为自己争取控制权。只要不犯错误，提问会使你处于强势，建立你在销售说服中的主动权与控制权。无论提问使你感到多么的拘谨，但要想推动你所进行的销售交流，不要忘记适时让“提问”来帮忙。

（2）通过提问来回答问题。顾客常常会提出一些难以回答的问题，通过反问我们常常可以巧妙地化险为夷，把问题还给客户，同时获取更多的有力信息。例如，当客户问“你的产品有什么其他产品不具备的优势吗”，你不用直接解释产品的特征和长处，而可以问他：“你对我们的产品很熟悉吗？”通过这个问题，你能了解他仅仅是想了解更多信息，还是在挑战你的方案，这将指引你做出相应的回答。

（3）提问后适当保持沉默。如果你希望对方很快地回答问题，在你主动提问后，最好立刻住口。交谈中的短暂沉默会创造一种自然真空，这种真空会自动把责任放在回答问题的人身上。或许大多数的销售员对于交谈中的沉默觉得非常不舒服，而习惯于主动打破沉默。但你必须要克制这种情绪，记住，如果你不打破沉默的话，你的客户将提供给你有价值的信息。

巧妙追问，逐步打消对方的疑虑

心理学中，顾虑是害怕对自己、对人或对事情不利而迟迟不敢下决心或不敢按本意行动的一种心理状态。

在人们的日常生活中，顾虑心理是普遍存在的。比如，有的人与别人打交道时总爱想：他可靠吗？他会瞧得起我吗？而当别人建议他做某事时，他又想：这合适吗？失败了怎么办？这些都是顾虑心理的表现。

尤其是与陌生人的初次交往，持有一定的戒备心理是可以理解的。但是，要打消对方的疑虑，可以采用追问的方式。

1.不断抛出问题

不断地追问，一直到他说出真正的原因所在。当然，追问也必须讲究一些技巧，而不可顺口答话。例如，销售人员接着他的话说：“您说得也有道理，做事总得多考虑一些。”这样一来，生意成功的希望则成为泡影。

2.不断回答问题

销售的过程是相互交流的过程，顾客在销售对话时也会问问题。有时他们的问题似乎是反驳性的，但实际上只是顾客对自己思路的澄清，不然就是企图将销售人员重新引导至正确的产品或服务上。面对顾客对销售人员的某个问题提出反驳，销售人员不应对顾客的反驳予以辩解，而要反思自己交流环节是否出了问题，并且对问题环节加以调整，及时回到销售的正轨。

当顾客问一些挑衅性问题时，销售人员不能正面反驳顾客的挑衅，而应采取柔性引导方式，从侧面提供解决方案。

运用反问技巧，引导对方意见

反问就是用疑问的形式表达某种确定的意思，只问不答，因为答案很明显不需要回答。它能够把确定的意思表达得更鲜明、更强烈。

有时候运用反问的句式，往往能比正面提问更有力量，更能表达爱憎之情，更具有强烈的批判和讽刺的作用。很多时候，还可以用反诘转守为攻，造成心理上的优势和咄咄逼人的气势，置对方于被动的地位。

1.把难题抛给对方

2.换位回答法

当不便回答的问题被提出时，往往是双方都觉得对方的言行不合适，这时，如果采取退一步思考问题的策略，把角色“互换”一下，就能够很顺利地继续交谈下去。

3.步步逼问法

步步逼问法不仅要求能说，而且要求会听，能够抓住机会提出各种问题向对手进行连环式反击，令对方无招架之力而步步败退，从而一举赢得胜利。

4.诱发反问法

诱发式提问是有意识地通过提问来使对方落入自己设计的圈套，从而迫使对方承认或否认某种言行，达到己方目的。

有时为肯定自己的观点，诱导性地提问，让对方紧紧围绕自己的论题思考，再以反问的形式肯定自己的观点，也可以迫使对方不得不接受。

巧用话语暗示，打消他人的疑虑

所谓“暗示效应”，即用含蓄的间接的方式对别人的心理和行为施加影响，从而使被暗示者不自觉地按照暗示者的意愿行动……此称之为“暗示效应”。一般来说，年轻人比年长者更易于接受暗示。

在社会交往中，当我们想要传达一个意思给对方或者希望对方按我们所想的去做时，可使用润物细无声的暗示手法，用旁敲侧击、潜移默化的方式去影响他人。这样既不会显得唐突，又不会得罪人，能自然而然地达到我们的目的。

当我们遇到敏感而易使别人产生误会的问题时，可以通过委婉含蓄的心理暗示，轻松而又不伤及他人地解决问题。这样你既顾及了别人的颜面，还在问题被妥善解决的同时，在别人面前显示了你的机智，会使别人对你刮目相看。

1.用话语暗示回应对方的疑虑

在转变顾客需求的过程中，经常会遇到顾客质疑。销售人员可以按照以下模板灵活应对顾客：“这位大哥您放心，咱们这卖场是正规公司，我们这些销售人员都是经过公司正规培训而且有公司监督的，始终以信誉为本。此外，您要购买的产品因为市场销量不是很好，因此库存少。我之所以向您推荐另一款产品，是想为您提供满意且高效的服务从而节省您宝贵的时间和金钱。价格您在官网上都可以查到。另外，这些产品都是改进款，对性能缺陷进行了修正，比如这款D型号的产品，更省电，而且更静音。”

这时候，顾客重新被吸引，销售人员就可以展示自己的专业解说了。应对顾客刻薄的怀疑，你不仅要以各种方式还自己以清白，更要以顾客为中心，普及新产品的优势和市场状况，让顾客了解市场，消除消极的疑虑。

2.给予针对性的回复

销售过程中及时领会客户的意思非常重要。只有及时领会客户的意图，读懂其弦外之音，才能有针对性地给予答复，消除其顾虑，并为下一步的销售创造条件。

对于推销人员来说，客户的某些语言信号不仅有趣，而且预示着成交有望。很多销售人员在倾听客户谈话时，经常摆出倾听客户谈话的样子，内心却迫不及待地等待机会，想要讲他自己的话，完全将“倾听”这个重要的武器舍弃不用。如果你听不出客户的意图，听不出客户的期望，那么，你的销售就会跟射错了方向的箭一样徒劳无功。

要是一个推销人员忙于闲谈而没有听出这些购买信号的话，那真的非常可惜。除了领会客户的话外之音，还需要掌握一些沟通技巧，从客户的话语中挖掘深层次的东西；而在领会客户的意思以后，要及时回答；当客户犹豫不决时，要善于引导客户，及时发现成交信号，提出成交请求，促成交易。

/ 第三章 /

打动人心的说服，暗藏规律可循

从他得意的事谈起，说服便水到渠成

说服其实并非难事，关键在于怎样让对方接受你、不排斥你。因为一般被说服的对象都会对前来说服的人有所排斥和提防。

说服别人前，先谈一些对方得意的事情，往往会令对方心花怒放，自然也会忘记保持距离，此时再进行说服，自然就会容易多了。

1.讲对方值得终身纪念的事

生活中每个人都有自己认为得意的事情，事情本身究竟有多大价值，且不需深究，而在他本人看来，却认为是一件值得终身纪念的事。

当然，我们还可以向说话者提一些问题。这些提问既能表明你对说者话题的关注，又能使说者有机会说出欲说无由的得意之言，也更愿意与你进一步交流。

你如果能预先打听清楚，在有意无意之间很自然地讲到他得意的事情，只要他对你没有厌恶的情绪，只要他目前没有其他不如意的事情，在情绪正常的情况下，他一定会高兴地听你说的，当然此时说服他就容易得多了。

你可以先抛出引子，让对方打开话匣子，使他认为你是他的知己。到了这种境地，他自然会格外高兴，会亲自讲述，你应该一面听、一面说几句表示赞赏的话，如此一来，即使他是个冷静的人，也会变得和蔼可亲，你再利用这个机会稍稍暗示你的意思，进行试探，想要办的事就能在不动声色中办好了。

但是必须注意，对方得意的事情，是否曾遭到某种打击而消灭，如有这种情形，千万别再提起，以免引起对方不快。因为对方在高兴的时候，你的请求，易于接受；在对方不高兴的时候，虽是极平常的请求也会遭到拒绝。比如对方新近做成了一笔生意，你称赞他目光精准、手腕灵活，引得他眉飞色舞，乘机暗示来意，容易达到目的。

2.讲对方最得意的兴趣爱好

几乎每个人都有自己最得意的地方，比如在兴趣爱好方面。如果在兴趣爱好方面讲得投缘，能使本来很有距离的双方达到某种“共识”，使进一步的交流成为可能。

你在说话的时候当然要注意技巧，表示敬佩，但不要过分推崇，否则会引起他的不安。不过对方得意的兴趣爱好要从哪里去探听，那当然要另谋途径，试着在你的朋友之中找一下是否有与对方交往的人，如果有，向他探听当然是最容易的。如能留心报纸上的新闻或其他刊物，平日记牢关于对方的得意事情，到时便可以应用。此外，随时留心交际场合中的谈话，像这些时候谈到对方得意的事情，也是很平常的。

3.夸奖对方的子女

在父母眼里，再不成器的子女都是自己的心头肉。别人夸赞自己的子女，这是他最为得意的时刻。谈话人懂得灵活应对、察言观色、看人说话，有这种功夫的人，不管去到哪儿，都容易得到他人的肯定和帮助。

不过你在说服别人时，第一，要看时机是否成熟，第二，说服过程中要不卑不亢。过分显出哀求的神情，反而会引发对方藐视你的心理。尽管你的心里十分着急，但说话表情还是要表现得大方自然，不要只为自己打算，而是要说出为对方着想的理由来。

顺毛抚驴，让对方听你的话

很多时候，我们会遇到一些非常倔强的说服对象。这类人就像一头倔驴，对其溜须拍马，弄不好就拍到驴腚上；对其苦口婆心，轻者“对牛弹琴”不起任何效果，重者可能还会被他踢伤。

对此，我们可以从爱抚宠物上得到启示：每当我们顺着宠物的毛轻抚它时，它就会又乖又听话。相反，它们就会感觉不舒服，即使不咬你抓你，也会不高兴地跑开。

人也是如此，虽然没有一身的“毛”让你抚摸，但人的性情、脾气、观念，即所谓的“自我”，相当于宠物的“毛”。你如果能摸清他的性格，顺着对方的脾气和他交往，他当然就会听进去你的说服之言，从而接受你的想法。

1.顺毛摸的艺术

“顺毛摸”只是手段，而不是目的，它是一种特殊的“捧”，运用得好，可以事半功倍。脾气再大、城府再深、主观再强的人也吃不消这一招。

2.夸奖对方的优点

假如一个好工人变成粗心大意的工人，你会怎么做？你可以解雇他，但这并不能解决任何问题。你可以责骂那个工人，但这只能引起怨怒。

你若要在某方面去改变一个人，不妨以为他已经有了这种杰出的特质。正如莎士比亚曾说：“假如他没有一种德行，就假装他有吧！”顺着他们的“毛”给他们一个好的名声来作为努力的方向，他们就会听你的话，痛改前非，努力向上，而不愿看到你的希望破灭。

3.让对方心里听着舒服

对于那些地位显赫、有权有势的人，想要说服他，更要学会“顺着毛摸”的说服策略。

利用从众心理，让他“理所当然”被说服

动物中常常存在这样一种现象：羊群总是倾向于朝同一个方向走动，单只的羊也习惯于加入羊群队伍并随着其运动的方向而运动。这一现象被动物学家称作“羊群效应”。心理学家发现，在人类社会中，也存在着这样一种羊群效应。心理学家通常把

“羊群效应”解释为人们的“从众心理”。

“从众”，指个人受到外界人群行为的影响，而在自己的知觉、判断、认识上表现出符合于公众舆论或多数人的行为方式。每个生活在社会中的人都在设法寻求着“群体趋同”的安全感，因而也会或多或少地受到周围人倾向或态度的影响。大多数情况下，我们认为，多数人的意见往往是对的。

1.从众心理激发对方兴趣

著有《提问销售法》的托马斯·福瑞斯可以说是将“从众心理”在销售中运用得得心应手的前辈和典范。

在销售过程中，“从众理论”是一个非常有力的技巧，它可以帮助你建立信用度，同时激发客户的兴趣。

当你对你的客户说“我只是想确定你不会被遗漏在外”的时候，他一定会好奇自己可能错过什么东西，并且会主动询问进一步的情况。这就是“从众”的微妙之处，他提供给客户心理上的安全感，并促使他们做出最后决策。

如果一个人对自己的决策没有把握时，会习惯性地参照周围人的意见。通过了解他人的某种定向趋势，为自己带来决策的安全感，认为自己的决策可以避免他人的失败教训，从他人的成功经验中获益。

让对方感觉到他“周围的每个人”都存在某种趋势时，他也会向这一趋势发展。“从众心理”为我们带来的就是这样一种全新的说服技巧。

2.熟练运用名人效应

当听到别人也做出了这样的决策，尤其是自己所仰慕的人时，就会激发起自己对名人的从众心理。

看似不经意的一句话，其实是充分利用了潜在客户的从众心理，通过他人认同影响潜在客户，促使潜在客户做出购买决定。

聪明的销售员应该知道，你的销售并不是一味地劝说客户购买你的产品，而是让潜在客户了解，你的其他大多数客户做出最后决策之前都面临过与他们相似的问题。而你要做的是与你的客户分享其他客户成功的经验，从而消除客户的逆反心理，自然，你的产品就不愁没有销路了。

“从众心理”的存在给了你说服对方的一个理由，诸如“××明星也用我们的产品”“今年的流行是我们引领的”，或者是更直白的“送礼只送×××”之类的广告信息，让对方觉得所有人都在用我们的产品——你当然不能例外。

3.激发对方的攀比心理

从众心理也是一种想跟他人同步调、同节奏的心理，是那种想过他人向往的生活、不愿落于潮流之后的心理在作祟。

正是由于从众心理的存在，那种不顾自身财力和精力，也不管是否真心愿意而豁出去做的念头，就很容易趁势而入来支配人们的行为，促使人们盲目地做出与他人相同的举动，因而陷入生活拮据的窘境。“大家都这样”等字眼的频繁使用，正是这种“从众”心理的体现。

通常人们在受到这类刺激后就很容易变得没主见，掉入盲目附和的陷阱。所以，推销员或店员经常会搬出“大家都在用”等推销话语，促使人们毫不犹豫地接受。

与人打交道的过程中，抓住从众心理这一点，说服其实已经不难进行了。

唤醒自我意识，使他走出阴影

人生变幻无常，我们有时难免会陷入失意之中。心理学家认为，这是因为自我意识没有被唤醒。

人的自我意识有很多种，比如年龄意识、性别意识、社会角色意识等。例如年龄意识，一般情况下，人到了某个年龄阶段就会出现某种心理特征，但有的人却迟迟不出现。这时，只要你点拨他一下，他就会醒悟，从而发生心理上的飞跃。

所以，正确的自我意识一旦被唤醒，人也就会从失意中振奋起来。

1.给予积极的心理暗示

人在遇到各种变故的时候，总会不由自主地心烦意乱，甚至悲观郁闷，有些人往往会因为自己的身心状况不佳而更加失落。

这时，作为一个鼓励的人，你如果想给他们带来好心情的话，就应该抓住某些好的方面，适时予以积极的暗示，这样才有助于唤起他们的自我意识，使其鼓起希望的风帆，积极地生活。

2.打击后再说明道理

失意者心中往往憋着一股劲儿，只要这股劲儿没有得到梳理，就总是表现出悲伤的情绪。这种悲伤的情绪若不能得到正常的排除和化解，不仅会使人的生活变得暗淡萎缩，还有可能会演变成精神上的疾病。

想要帮助失意者摆脱这种心理状态，鼓励他们的自我意识，即唤醒他们的自我意识，是一种非常有效的手段，可以尽快使他们走出低谷，走向成功。

/ 第四章 /

高明地拒绝，让对方愉快接受

敢于说“不”，但不要使别人感到别扭

在日常生活中，热情帮助别人，对别人的困难有求必应，有助于建立融洽的人际关系。但生活中也有这样的事，即别人求助于你的，恰恰是你感到为难的事。有时候，你必须对别人的要求做出回复，一般说来，肯定的、合乎对方期望的回答往往能使听者感到愉快，而否定的回答，尤其是直截了当地说“不”，则会使提问者感到失望和尴尬，甚至对你产生怨愤。拒绝就意味着将对方阻挡在门外，拂却了对方的一片“好意”，因此，说“不”需要很大的勇气。

当别人对你有所希求而你办不到不得已要拒绝的时候，这时，你要敢于说“不”，要让自己说出来的话能使对方接受，这样彼此之间的关系才不会受到影响。拒绝是一门艺术，能体现一个人的综合素养。你最好用婉言拒绝的方式，所谓婉言拒绝就是用温和曲折的语言，把拒绝的本意表达出来。与直接拒绝相比，

它使别人不会感到那么别扭。

在生活中你真的不得不拒绝他人的时候，你当然会觉得难堪，不知怎样处理。直接说了“不”，或者又简单地说着拒绝的各种理由，你突然会发觉无论你怎样做，拒绝别人时，你都会感到尴尬。这时你只需要牢记：你不需要如临大敌，一定要像平时对待朋友那样去说出你的拒绝，要表达出你的遗憾，当然也要顾及他人的面子，一定要使你的拒绝跟接受一样使人感动。

1.要敢于说出“不”

即使面对亲密之人的不当要求，我们一定要坚持自己的原则。

与人相处，大家经常会面对爱人、亲人、好友等亲密之人的请求，比如借钱、帮忙做某事等。许多时候，我们并不愿意答应这些请求，却又不好意思说“不”，这样，就会使自己陷入十分为难的境地。如果违心地答应下来，是为自己添烦恼；如果假装答应却不做，又失信于人。

一般来说，尽可能地帮助自己的亲密之人，这是人之常情。但是当他们的要求有违国家法律法规、有违社会公共道德或有违家庭伦理时，我们应坚守自己的原则立场，毫不留情地予以拒绝，还应帮助对方改变那些错误的思想和行为。

2.给出明确的回应

千万不要因为不能说“不”而轻易地答应任何事情，而应该视自己能力所及的范围，尽可能不要明明自己做不到却不说，结果既造成了对方的困扰，又失去了别人对你的信任。

说“不”没什么开不了口的，只要站得住立场和对自己有益，就请勇敢地向别人和自己说“不”吧。

3.拒绝时要讲究艺术

当你拒绝对方的请求时，切记不要咬牙切齿、绷着一张脸，而应该带着友善的表情来说“不”，才不会伤了彼此的和气。

任何人都不愿被拒绝，因为拒绝别人，会使他人感到失望和痛苦。在拒绝对方时，更要表现出你的歉意，多给对方以安慰，多说几个“对不起”“请原谅”“不好意思”“您别生气”之类的话。

拒绝别人是一件很难的事，如果处理得不好，很容易影响彼此的关系。所以，在拒绝别人的时候一定要绕个圈子说出你的“不”。喜剧大师卓别林就曾说过一句话：“学会说‘不’吧！”学会有艺术地说“不”，才是真正掌握了说话的艺术。

拒绝是一门学问，是一项应变的艺术。要想在拒绝时既消除了自己的尴尬，又不让对方无台阶可下，这就需要掌握巧妙的拒绝方法。

贬低自己，降低对方期望值

用自我贬低的方法或者在玩笑的氛围中拒绝他人，不仅维护了别人的面子，也使自己全身而退。

比如朋友想邀你一起去玩电游，你可以推辞说：“我们都是好朋友了，说出来不怕你们笑话，我学了几年一直玩得不像样，你们看了都会觉得扫兴，为了不影响你们的兴致，我还是不去为好。”又比如说，在同学聚会的时候，你确实不会喝酒，你可以说："我是爸妈的乖儿子，在家里面又没有什么地位，要是喝了酒，回去后肯定会被我爸揍死的，甚至还会被我妈骂死，你们就饶了我吧。"同时，你还可以说一些其他的事例进行说明，或者找一些比较好的借口来增强这种自我贬低的效果。

在贬低自己的策略中，"装疯卖傻法"是一种特殊形式，即"表示自己无能为力，不愿做不想做的事"。也就是说："我办不到！所以不想做！"

1.表明自己无能为力

这招便是表明"我没有能力做那件事，因此我不愿意做"的一种方法。根据工作的内容，"无能"的内容也有所不同。根据心理学家的调查发现，人们的确有在日常生活中故意装傻的现象。例如在上班族中，有20%的人曾对上司装过傻，而14%的人对同事装过傻。虽然它跟"楚楚可怜法"一样，会导致评价降低，但令人惊讶的是，仍有一成以上的人是在自己有意识的情况下用了这个办法。

因此，借由表现出自己的无能来降低期望值，万一将来失败，自己的评价也不会下降得太多；相反，如果成功，反而会得到预期之外的肯定。

2.将矛头指向他人

这招是接着"表示无能"的用法之后，以"我办不到，你去拜托某某比较好"等说法，来将矛头指向他人的做法。

尤其当需要帮忙的工作内容，是人人都不想做的事情的时候，这种惹来怨恨的可能性就愈高。所以，最好在多数人都知道

“某某事情是某某最擅长的”这样的场合才用此招。

利用幽默拒绝，让对方愉快接受

化解拒绝时的尴尬，最好的方式莫过于轻松的幽默。通过幽默的方式，让对方清楚地感受到你的拒绝，又不会显得太激烈。对方可能在哈哈一笑中，让尴尬抛向九霄云外了。

有一位“妻管严”，被老婆命令周末大扫除。正好几个同事约他去钓鱼，他只好回答：“其实我是个钓鱼迷，很想去的。可成家以后，周末就经常被没收了！”同事们哈哈大笑，也就不再勉强他了。

用幽默的方式拒绝别人，有时可以故作神秘、深沉，然后突然点破，让对方在毫无准备的大笑中接受这个结果。

有时候拒绝的话因为用幽默的方式表达出来，能在起到拒绝目的的同时，让别人很愉快地接受。

1.明确拒绝的目的

在谈笑之间对人说不，不仅气氛轻松，也能顺利达到拒绝的目的。我们要知道，拒绝时运用幽默，不仅是为了拒绝，还有营造活跃气氛的目的。

如果你想拒绝，可以融入幽默，既避免了对方的难堪，又转移了对方被拒绝的不快。比如在谈判过程中说：“如果贵方坚持这个进价，那你们能为我们准备过冬的衣服和食物吗？总不忍心让员工饿着肚子为你们干活吧。”这种话语就比较有意思，实际上已经否定了对方的谈判价格，还能有效缓和气氛。

2.不能让对方难堪

拒绝并不一定是一件严肃的事，适当地在拒绝别人的时候加入一些调笑剂，不仅不让对方难堪，而且你自己心里也不会有太多的压力和内疚。事实上，拒绝可以是一件轻松的事情。

3.让对方愉快地接受

运用诙谐的手段让彼此开怀，让别人愉快地接受拒绝，不失为处世良方。

4.结合实际的幽默拒绝

对任何人来说，拒绝别人的话总是不好出口的，但拒绝的话又经常不得不说出口。这时不妨用幽默方式说出拒绝的话，把对方遭到拒绝时的不愉快擦掉。

无论一个人的职业是什么，适当的幽默必能帮助他应付世人。幽默的性格易于传染，快活有趣的人不必开玩笑也能提高大家的情绪。幽默使人发笑，博得他人的好感，缓和紧张的局面，用幽默的话来拒绝别人，别人也会平和地接受你。

5.有些幽默需要慎用

一位演技很好、姿色出众但学历不高的女演员，对萧伯纳的才华早就敬而仰之。她平时生活在众星拱月的环境中，多少有一些高傲神气，总以为自己应该嫁给天下最优秀的男人。某次宴会中，她和萧伯纳相遇了，她自信十足，以最迷人的音调向萧翁说：“如果以我的美貌，加上你的智慧，生下一个孩子，一定是人类最最优秀的了！”

萧伯纳立刻微微一笑，不疾不徐地回答：“对极了。如果这孩子长成了我的外貌和你的智慧，那将是怎样呢？”这位美女演员愣了一下子，终于明白了萧伯纳的拒绝之意。她失望地离开了。

用假设的方法，虚拟出一个可能的结果，从而产生一个幽默的后果，而这个后果正好是你拒绝的理由。这样，不仅不至于引起不快，还可能给对方一定的启发。

值得注意的是，萧伯纳的这种场合的幽默并不能随便用，如果运用得不好，不仅不能消除尴尬，还可能会制造尴尬。

迂回拒绝，让对方理解并接受

面对别人的要求你不好正面拒绝时，可以采取迂回的战术，转移话题也好，另有理由也好，主要是善于利用语气的转折——绝不会答应，但也不致撕破脸。比如，先向对方表示同情，或给予赞美，然后再提出理由，加以拒绝。由于先前对方在心理上已因为你的同情而对你产生好感，所以对于你的拒绝也能以“可以谅解”的态度接受。

面对亲密之人提出的不当要求时，切忌直接拒绝。尽量使用间接拒绝的方法。从对方的立场出发，阐明自己的观点，就会使对方自然而然地接受了。

拒绝是一种常见的现象，但怎样拒绝而不使人难堪，让人有台阶可下，则有一定技巧。这里列举几种恰到好处又不失礼节的拒绝方式。

1.体现友好和热情

要耐心倾听别人的要求。即使他说了一半你就明白此事非拒绝不可，为了确切了解他的用意以及对对方表示尊重，也要听完他的话。拒绝别人时，表情应和颜悦色，最好能多谢对方想到你，并略表歉意，同时说出拒绝的理由。一旦说出理由，则只需重复拒绝，而不应与之争辩。拒绝之后，若有可能和必要，可为他提供其他途径的帮助。

2.言辞要尽量委婉

有的人担心拒绝可能引起对方的不愉快，或触怒对方，其实讲究一下拒绝的技巧，采用委婉拒绝，会很大程度上避免和消除以上的疑虑。

3.拒绝不要太生硬

有些时候别人委托你办的事，但自觉实在是做不到，你就应该很明确地表明态度，说："对不起！我不能接受。"这才是真正有勇气的人。当然，拒绝需要有一定的策略。

当领导提出某种要求而下属又无法满足时，设法造成下属已尽全力的错觉，让领导自动放弃其要求，这也是一种好方法。

比如，当领导提出不能满足的要求后，可采取下列步骤先答复："您的意见我懂了，请放心，我保证全力以赴去做。"过几天，再汇报："这几天×××因急事出差，等下星期回来，我再立即报告他。"又过几天，再告诉领导："您的要求我已转告×××了，他答应在公司会议上认真地讨论。"尽管事情最后不了了之，但你也会给领导留下好印象，因为你已造成"尽力而做”的印象，领导也就不会再怪罪你了。

通常情况下，人们对自己提出的要求总是念念不忘。但如果长时间得不到回音，就会认为对方不重视自己的问题，反感、不满由此而生。相反，即使不能满足领导的要求，只要能做出样子，对方就不会抱怨，甚至会对你心存感激，主动撤回让你为难的要求。

拒绝的方法有许多，一定要看好时机，用最自然的形式将你的本意暗示出来。

/第五章/

妙语生财：在商务社交中的交谈技巧

抓住客户的下意识，引导客户的思维

相信你一定有过这样的经历，你的客户总是对你所说的每件事都要进行澄清或反驳。你提出一个观点，他立刻提出一个相反的观点；你插入一段评论，他马上觉得有必要提出更好或者更令人印象深刻的评价。不用说，遇到这种情形总是令人沮丧，而交流也因此难以深入。

在日常会谈中，这种情形发生的频率其实比你想象的要频繁得多。哪怕对于一个不大有感情色彩的评价，人们也常常会持反对态度。例如，当你说“听说周末天气不错”时，对方立刻会反问道，“真的吗？我觉得好像会下雨”，或者说，“太热”“太冷”“太潮湿了”，还有的人认为现在说这个周末天气怎么样有点儿“太早了”或“太迟了”。

在与客户的沟通过程中，当客户发生习惯性的逆反行为时，你不能直接跟客户说：“别这么做！”而应当认识到，客户不自觉的逆反心理实际上是源于人们天生对“掏自己口袋”的人抱有谨慎且怀疑的态度。这种谨慎孕育着抵制情绪，越是谨慎的客户，就越容易产生逆反行为。你必须尊重客户的逆反心理，还应懂得在销售中充分利用消费者的逆反本能，达到促进销售的目的。

1.理解客户的逆反心理

逆反是出于人的本能，带有感情色彩，通常使人以相反的态度做出反应，常见的方式是表达相反的观点。

逆反行为看起来像是一种恶意的抵触，但从心理学角度来说，逆反行为并不是有意识的反应，大多数情况下都是客户下意识的自我防卫。逆反行为很少因为某人有意反对而发生，它的产生机制是人们需要感受到自我价值的存在。大多数的人通过对他人的反对来显得自己很聪明，希望因此受到尊敬。

2.诱导对方暴露真心

有的客户在要求对微妙的问题发表意见的时候，虽然会说出一个结论，最后，总是再加一句：“但是，也可能……”

交谈之中，如果所说的内容有浓厚的“两面性”，那就表示对方为下决定犹豫不已，有意避免造成统一性的印象。乍听之下，好像意志已定，实则不然。若想揭穿他的真心，这种“两面性”的理论，也可以成为有效的利器。也就是说，当对方只强调事情的一面来下结论，你就要发出强调另一面的质词，借此套出他的真意。

要诱导客户说出他的本意，在交谈中不妨故意拂逆对方的意见，处处给予反驳。接连数次向对方表示“不”，对方的态度必会急速地转变。尤其是对方想要传达自己的心意时，故意打断而大声地抢话说，在这个关头对方会露出真心。如果对你不表示好感，会抗议道：“喂，你！先听我说完吧！”“和你这种人谈话真讨厌！”如果是平常对你抱有好感、赏识你的人品的人，稍微让他感到焦躁并不碍事。不过，如果对方当时心情不佳，或发生不如意的事，就另当别论了。

当听到对方不急不缓地说：“我们慢慢谈吧！”而真放慢步调打算从长计议时，对方却突然显得坐立不安。该如何判断对方是否有急事呢？对方的心理该如何掌握才合适？

技巧是试着改变说话的速度。譬如：“我啊……其实……今天……”故意把话拉长地说，有急事者必会不耐烦地问：“你到底有什么事？”如果坐在椅子上则尽量舒坦地深坐。当对方有急事时会立即表态说：“其实我今天有急事。”或急忙地想站起身来。

所以，若要确定顾客是否有急事可以故意慢条斯理地动作。譬如，拿起对方端出的茶慢慢品尝，或把茶杯拿在手上优哉游哉地谈话。有急事者看见这些动作，会更为焦急而立即暴露真心。

要从语言的密码中破译对方的心态，闲谈是了解对方的一种最好方式，整个氛围显得轻松愉快，又让对方心理上没有防线。

3.让客户自己说服自己

首先，肯定客户的说法。销售员向顾客介绍LED电视机，而顾客表示暂时不需要。这时候，如果继续向顾客介绍产品，得到的回答必然是拒绝。销售员很聪明地及时打住了。

然后，话锋一转，问顾客是否喜欢看体育比赛。这是很家常的提问，顾客不会有防范意识。接下来就自然地提到电视机技术，从而激发顾客对LED电视机的兴趣。之后的产品介绍就水到渠成了。这个过程是销售员为客户创造需求的过程。最终以销售员的胜利而结束。

打消客户的疑虑，恢复客户的购买信心

在销售过程中，客户心存顾虑是一个共性问题，如若不能正确解决，将会给销售带来很大的阻碍。要打破这种被动的局面，就应该巧妙地化解客户的顾虑，使客户放心地买到自己想要的商品。只要能把握脉络，层层递进，把理说透，就能够消除客户的顾虑，使销售成功进行。

打消客户疑虑的重要武器便是言辞。比如有一位顾客原本想采购一种电子用品，但是他没有用过，不确定这个决定对不对。聪明的销售员会马上说："我了解你的想法，您不确定这种电子产品的功能，怀疑是不是像产品说明书所说的，对不对？您看这样好不好，您先试用……"在关键时刻，恰当的口才技巧会让顾客疑虑全消。

从某种意义上来说，消除疑虑正是帮助客户恢复购买信心的过程。因为在决定是否购买的一刻，买方信心动摇、开始后悔是常见的现象。这时候顾客对自己的看法及判断失去信心，销售员必须及时以行动、态度和语言帮助顾客消除疑虑，加强

顾客的信心。

1.给客户安全感

消除客户的顾虑心理，首先要做的就是向他们保证，他们决定购买是非常明智的，而且购买的产品是他们在价值、利益等方面做出的最好选择。

当你购买某一产品的时候，你最怕什么？质量不好？不安全？不适合自己？花冤枉钱？是啊，几乎所有的消费者在面对不熟悉的产品时，都会有这些担心和害怕，怎么做才能让他们安心购买？

心理学研究发现，人们总是对未知的人、事、物产生自然的疑虑和不安，因为缺乏安全感。在销售的过程中这个问题尤为明显。一般情况下，客户对销售员大多存有一种不信任的心理，他们认定销售员所提供的各类商品信息，都或多或少包含一些虚假的成分，甚至会存在欺诈的行为。所以，在与销售员交谈的过程中，很多客户认为他们的话可听可不听，往往不太在意，甚至是抱着逆反的心理与销售员进行争辩。

因此，在销售过程中，如何迅速有效地消除顾客的顾虑心理，就成为销售员最重要的能力之一。因为聪明的销售员都知道，如果不能从根本上消除客户的顾虑心理，交易就很难成功。

种种顾虑使得客户自觉不自觉地绷紧了心中的那根弦儿，所以说，在面对客户时，销售员要尽自己最大努力来消除客户的顾虑心理，用心向他们传递产品的价值，使他们打消顾虑。

2.抓住客户心动的卖点

发现客户对某一个独特的卖点感兴趣时，就要及时强调产品的独特卖点，把客户的思维始终控制在独特的卖点上，促使其最后做出购买的决策。

从销售的角度来说，没有卖不出去的产品，只有卖不出去产品的人。因为聪明的推销员总可以找到一个与众不同的卖点将产品卖出去。独特卖点可以与产品本身有关，有时候，也可以与产品无关。独特卖点与产品有关时，可以是产品的独特功效、质量、服务、价格、包装等；当与产品无关时，这时销售的就是一种感觉、一种信任。

3.多用精确的数字

有时候，销售员对客户说了一大堆产品的好处，但客户还是无动于衷。这种时候，很可能是客户对你的介绍有所怀疑。最好的办法就是拿出一些精确的数据来说服对方。

再漂亮的语言也比不上精确的数字生动，它更能打动客户的心。数字，尤其是精确的数字用来说服客户往往会收到惊人的效果，它可以说是最有效的武器。如果我们能牢牢地记住那些平常记不住的详细数字和长长的专用名称，做到脱口而出，从而能够给对方留下做过详细调查和有备而来的印象，令对方感到你是内行后再说服对方就容易得多了。

制造悬念，唤起顾客的好奇心

从心理学上来说，好奇心的产生是因为外界的现象对大脑产生了一种刺激，使大脑的某些区域处于一种亢奋的状态中，进而引起人对外界事物产生了关注的心态。在现代营销学中，一些营销专家通常会把这种心理运用到营销策略中去，并明确地指出了能够引起客户好奇心的重要性，即谁能够引起客户的好奇心，谁就有了成功推销的基础。

每个人都有好奇的天性，一旦有了某个疑问，就必须得探明究竟不可。为了激发客户的强烈兴趣，销售员可以使用制造悬念的方法。你可以制造某种悬念，以激起客户的一些好奇心，从而促使其尽快地进入自己的话题中去。

1.设法激发客户的好奇心

引起客户好奇心的一个重要方式就是显露产品价值的冰山一角，并以此激发客户的好奇心，吸引客户的注意力，让客户感到这一建议有助于改变现在的糟糕状态。说到这些，推销员也因此获得了进一步与客户沟通了解的机会。

因为在客户面前晃来晃去的价值就像诱饵一样，他们很想获得更多信息。如果客户开口询问，你就达到了主要目的：成功引起客户好奇，使客户主动邀请你进一步讨论他们的需求和你所能提供的解决方案。这种技术实际上就是利用刺激性的问题提供部分信息让客户看到产品价值的冰山一角。

不少销售人员花费大量的时间来满足客户的好奇心，却很少想过要努力激起客户的好奇心。他们的看法是自己的价值存在于自己为客户所提供的信息，所以就四处拜访，不厌其烦地向客户反复陈述自己的公司和产品的特征以及能给客户带来的利益。

2.吊一吊买家的胃口

好奇心是人类一种非常普遍的心理，如果你能够准确地把握并利用这一心理，就能够轻而易举地征服客户并留住客户。魔术表演就是利用人们的好奇心，才会引人入胜、精彩夺目。推销员如果能够巧妙地利用客户的好奇心去推销，将会大大提高推销的成功率。

当开门见山、直奔主题的方式遇到障碍时，不妨故意卖个关子，留下点儿悬念给客户，从而引发对方的好奇心，以至于最后主动询问，化被动拒绝为主动接受。在揭示悬念的同时，交易也自然会完成。

3.刺激顾客的好奇心

我们所销售的产品如果能刺激到消费者的“好奇心”，那么，就赢得了销售的第一步。可以通过有意地制造“事件”，从而给原本并不打眼的商品带来“商机”。

一个好的营销策略产生的效果远远胜过花几百万制作的广告效果。因此，肯动脑筋的销售员都乐此不疲地在销售中营造卖点，吸引顾客的好奇心。

手机卖场中的“摔手机”营销，对消费者声称“该手机质量过硬，摔坏者奖××元”，也是通过制造有卖点的事件，吸引消费者的眼球；还有汽车市场的体验驾车、家电家具卖场中的演示营销，等等，各式各样的新招奇招都可以在销售过程中广泛运用，为增加你的销售量助力。

发出“最后通牒”，逼服对方

心理学家做过这样一个实验：让一个班的小学生阅读一篇课文。实验的第一阶段，没有规定时间，让他们自由阅读，结果全班平均用了8分钟才阅读完；第二阶段，规定他们必须在5分钟内读完，结果他们用了不到5分钟的时间就读完了。

这就是著名的最后通牒效应。所谓“最后通牒”，常常是在谈判双方争执不下、陷入僵持阶段，对方不愿屈服以接受交易条件时所采用的一种策略。实践证明，如果一方根据谈判内容限定了时间，发出了最后通牒，另一方就必须考虑是否准备放弃机会，牺牲前面已投入的巨大谈判成本。

1.给出一个最后期限

在谈判中，有些谈判者摆开架子准备进行艰难的拉锯战，而且他们也完全抛开了谈判的截止期。此时，你的最佳防守兼进攻策略就是出其不意，发出最后通牒并提出时间限制。这一策略的主要内容是，在谈判桌上给对方一个突然袭击，改变态度，使对手在毫无准备且无法预料的形势下不知所措。对方本来认为时间挺宽裕，但突然听到一个要终止谈判的最后期限，而这个谈判成功与否又与自己关系重大，不可能不感到手足无措。由于他们很可能在资料、条件、精力、思想、时间上都没有充分准备，在经济利益和时间限制的双重驱动下，会不得不屈服，在协议上签字。

2.在最后期限上动脑筋

最后期限一到，你就必须做出最后的决定。如果你对完成此项工作的日期估计有误，在最后期限之前不能完成交易的话，就要再次与对方谈判，要求放宽期限，如果对方拒绝修改协议的话，你也只好承担责任。

最后期限还有督促的作用。最后期限到了，你不得不做出决定。如果你选择了这个期限，你就要在期限之前完成交易；如果你违约了，后果就由不得你假设了。

当然，就谈判的最后期限而言，它也是可以灵活变动的。有的期限说一是一；有的具有弹性，可以商量。因为，对于不少行业的谈判而言，最后期限只是为了尽可能督促对方，并不是存心惩罚对方。因而，你在协议上签字之前，一定要搞清楚双方所定的最后期限是否还有“活动”空间。不过，事情随时都有可能发生变化，你在签订某一协议时，最好别让最后期限成为自己的枷锁。

3.慎重采取最后通牒效应

在某些关键时刻，最后通牒法还是大有裨益的。但是，该方法并非屡试不爽，一旦被对方识破机关，最后通牒的威力可能会反作用到自己身上来。这里有一个范例：

发“通牒”一定要注意一些语言上的技巧，要把话说到点子上。

（1）出其不意，提出最后期限，要求谈判者必须语气坚定，不容通融。

运用此道，在谈判中首先要语气舒缓，不露声色，在提出最后通牒时要语气坚定，不可使用模棱两可的话语，使对方存有希望，以致不愿签约。因为谈判者一旦对未来存有希望，想象将来可能会给自己带来更大的利益时，就不肯最后签约。故而，坚定有力、不容通融的语气会替他们下定最后的决心。

（2）提出时间限制时，时间一定要明确、具体。

在关键时刻，不可说“明天上午”或“后天下午”之类的话，而应是“明天上午8点钟”或“后天晚上9点钟”等更具体的时间。这样的话会使对方有一种时间逼近的感觉，使之没有心存侥幸的余地。

（3）发出最后通牒言辞要委婉。

必须尽可能委婉地发出最后通牒。最后通牒本身就具有很强的攻击性，如果谈判者再言辞激烈，极度伤害了对方的感情，对方很可能由于一时冲动铤而走险，一下子退出谈判，这对双方均不利。

/第六章/

饭桌上的应酬话，你会说吗

灵活应对饭局，会吃也要会装

所谓对局，是关于在僵持的局面中如何使自己能够挺过来，最终打破僵局，出奇制胜赢得最后胜利的一种智慧。在饭局之上，主宾双方你来我往，不断利用自己的智慧与谋略，争取渴望得到的利益。在双方陷入僵局的时候，谁能够借用新的外部力量来帮助自己，那么谁就会取得明显的优势。当然，宴会之上更多的是寻求一种共赢，这样彼此才能不断合作，在共同前行的道路上走得更远、更好。

在饭桌应酬中，会遇到各种各样的人，这就需要对局者时刻“眼观六路、耳听八方”，要像老鹰一样敏锐和机警，要像狐狸一样聪慧、灵活，才能够捕食到猎物。

饭局现在成了心理博弈之局。每一个身处其间的食客都明白“饭局是苦差，饭局也是好手段”，而如何在饭局中、在酒杯间，在言谈间就把对方“吃”透，这是一个大智慧。

才能出众不是智慧，有智慧的人并不显露自己，因为过于显山露水只会让智慧发挥它的副作用，导致“聪明反被聪明误”的后果。

俗话说：“真人不露相，露相非真人。”刻意隐藏智慧往往是智者的第一选择。这其中自有智者对智慧的独特认识，但更多的还是他们对智慧的副作用心存忌惮。智慧会引人注目，但如果在引人注目之后不能为人效劳，就容易引起他人的嫉妒，所以，智者都懂得隐藏智慧，保全自身。做不到这一点的人，总是那些不知收敛的人，他们的结局大多不妙。

常言道“大智若愚”，在商务应酬中，钩心斗角，一不小心，你就可能让自己陷入尴尬的境地。

不论说什么，不能让别人不舒服

不管出于何种目的，我们和别人一起进餐，都免不了会在餐桌上交谈一番，你不可能只是自顾自地埋头于眼前的食物而默默不语，如果那样，饭局的目的和意义便全然丧失。

在餐桌上，你必须说点儿什么，你必须和人交谈，而且你不仅要说，还要设法说得让人感到如春风般的舒适。

聚餐也分不同场合：和家人朋友们在一起时我们尽可以自由畅快一些，但是当我们进入了正式的饭局当中，如果忽略了餐桌交谈的礼数，就会给人一种不礼貌或是没素质的感觉。有些人虽然口才很好，但若不注意说话的时机，只会扫了大家的兴致，甚至连吃饭都没有胃口了。

不管是说话的声音、音量，还是语调都能体现出一个人在吃饭交谈中的礼数。尤其是与初次相识者交谈，更要以极大的热情来打开对方的心门，但是要怎样在交谈中表现出应有的礼数就要把握一个“度”了。

1.说话的音量要控制好

每个人的音量范围都是具有可变性的，时高，时低。如果一个人高声尖叫就意味着紧张惊恐或者兴奋激动；而如果一个人说话声音低沉、有气无力，就会让人感觉缺乏热情、没有生机，或者过于自信、不屑一顾，甚至会让人感觉你根本不需要他人的帮助。要想让自己的话语给别人留下美好的印象，就必须善于控制自己的说话音量。

语言沟通在宴会中是必不可少的，既然如此，我们必须注意塑造自己的声音。无论你是设宴还是赴宴，无论你是男士还是女士，都要注意在宴会进行中以生动的声音表现自己，尽量避免自己的地方口音，力求以抑扬顿挫的声调表现自己充满激情的精神风貌。

在平时的就餐交谈中，我们经常会提高自己的音量，从而让自己的话题激发他人的兴趣。有时，为了获得一种特殊的表达效果，又会故意降低音量。但大多数情况下，应该在自身音量的上下限之间找到一种恰当的平衡。

其实，语言的威慑力和影响力与声音的大小是不相关的。有些人会以为大喊大叫就一定能说服和压制他人。其实，越是大声疾呼，就越会让对方感到反感，声音过大只会迫使他人不愿听你讲话甚至讨厌你说话的声音。因此，控制住自己的音量是赢得饭桌交谈好印象的一条妙计。

2.受欢迎的语调是自然而富有感染力的

语调通常能表露出一个人说话时的内心世界，以及他的情感和态度。在饭桌上与人交谈，如果总是以生气、惊愕、怀疑、激动的语调，就会给人一种难以接近的感觉。而如果语调流畅、舒服，就会让人感到你是一个令人信服、幽默、可亲可近的人。

为了在餐桌上给人亲近的感觉，在与人交谈时要尽量使用自然、顺畅的语调。因此，在饭桌上与人交流时，可以在表示疑问的时候，稍微提高句尾的声音；在想要表示强调的时候，就加大声音的起伏；在想要表现强烈的感情的时候，就把调子降低或提高一些。

需要注意的是，语气绝对不能单调，只有让音阶富有变化，才会加强你的说服力，你的热情才会在变化中展现出来，从而感染听者，产生强大的说服力。

一句话是否富有表现力，是与声音的高低快慢变化有关的，也就是句调。句调一般可以分为升调、降调、曲调、平调四种。升、降、曲、平四调，各具特色。一句话能起什么作用，产生什么效果，给听者什么感受，说话者的语气和语调起到很大的作用。在就餐交谈中，只有灵活运用各种句调，才能达到成功交际的目的。语调关系到口才的成功和失败，我们必须练习那种真实、准确，富有生命力的语调。

如果和人吃饭的时候，为了突出自己的特色，就不妨选择抑扬顿挫的句调，这样会使语言形成一种自然和谐的音乐美，能细致表达思想感情和语气，使语言更富有吸引力。可以说，语调越是多变，说话就会越吸引人。

3.说话的轻重缓急对语意的表达有重要作用

如果一个人说话轻重适宜，就能使语言色彩丰富、语气生动活泼，从而引起听者的注意，说话的内容也易于被人理解和接受。说话的轻重要根据实际情况由自己掌握。如果太轻，就很容易使听者失去兴趣；如果太重，也容易给听者突兀的感觉。因此，在餐桌上交谈的时候不妨根据说话的内容，该轻则轻，该重则重，使人感到音节错落有致，舒服畅快。

拒酒，不喝也不能让人尴尬

在举行酒宴时，大家都乘兴举杯而饮。由于每个人的酒量有限，如能喝得适量自然是有益无害，但如果过量饮酒喝得酩酊大醉就于人于己都没有好处了。因此，面对别人的盛情劝酒，我们还必须学会拒酒的技巧。

1.一定要学会拒酒

“请君入瓮”拒酒其实就是反守为攻，先不动声色，静听对方发言，等待时间，从对方的言辞中找到突破口，以此为切入点，使对方无法争辩，从而拒酒。

酒席宴上要看清场合，正确估计自己的实力，不要太冲动，尽量保留一些酒力和说话的分寸，既不让别人小看自己，又不要过分地表露自身。

2.以情抵酒

面对招待方的盛情劝酒，只见一位客人举杯答道：“我喝不了十杯酒，但我有十杯酒所容不下的激情；我说不出一到十所表达的深意，但我能用一杯酒表达我们对东道主海一样深厚的谢意。我不喝十杯酒而只喝一杯酒，是为了使酒的数量之差让东道主能给我们留下更深刻的印象。”

礼貌的敬酒得到了礼貌的回答，这种得体、富有诗意的语言赢得了宾主双方的由衷赞赏，都觉得主人敬酒是事先准备好的一套祝酒词，而客人的即兴答词更加精彩。在一片掌声中，大家纷纷举杯，都同意客人只喝一杯。这样一来，一个精心筹划的以礼敬酒的场面就被巧妙地化解了。

3.拒酒有技巧

（1）把身体健康作为挡箭牌。

喝酒是为了交流情感，也是为了身心的愉悦，这一点谁都清楚。如果为了喝酒而喝酒，以至于折腾了身体、损害了健康，那就显然是因小失大了，这是谁都不愿意看到的。

因此，我们可以以身体不舒服或是患有某种忌酒的疾病（如肝脏不好、高血压、心脏病等）为理由拒绝对方的劝酒，这样对方无论如何是不好再强求了。

（2）强调安全的重要性。

这也是个拒酒的不错理由。有些人沾酒就晕、就醉，如果喝完酒去办事，就有很大的危险性，比如骑自行车。除此之外，只要能编出有理有据的理由证明喝酒对自己的危险性，那么对方出于对你安全的考虑，也就不勉强了。请看下例：

你晚上骑自行车到朋友家聚会，就可以这样拒酒："我真的不能再喝了，要不然真回不了家了。你看今天晚上一颗星星都没有，我们家那一片又没路灯，骑着车实在太危险。再加上我这0.9的矫正视力，别到时候晕晕乎乎摔到沟里去！"

（3）以家人不同意为由。

一般来说，以父母的禁止为由拒酒往往容易让对方觉得你在找借口推脱，这是因为他想象不到这个问题对你有多么严重。因此，你必须在拒酒时讲得真实生动，把自己不听"禁令"的后果展示一番，让对方感到让你喝酒真的是等于害了你，他也就停止劝酒了。

可以说，把理由讲得真实可信是使用此方式拒酒的关键之处。你可以说："我爸一看我喝酒回去就训我，我妈则更严厉了。我不骗你，所以你如果是真为我着想，那我们就以茶代酒吧？"这样一说，对方也就无话可说了。

（4）挑对方劝酒语中的毛病。

对方劝我方喝酒，总得找个理由，而这理由有时是靠不住的。特别是一些并不太高明的劝酒者，其劝酒语中往往会有不少漏洞可抓。抓住这些漏洞，分析其中道理，最后证明应该喝酒的不是我方，而是对方，或者是其他人，总之到最后不了了之。只要这漏洞抓得准，分析得又有理有据，那么对方就无话可说，只好放弃了这位难对付的"工作对象"。

结账彰显风度，抢单也有学问

埋单已成了众生众相的最佳表现方式之一，而由埋单引起的一些不必要的纷争也在所难免。因埋单让友情受损的事情，经常背离了我们请客吃饭的初衷。

1.谁该为饭局埋单

人与人交往应酬，谁请客就应该由谁埋单，这无可厚非。可是，很多时候却存在着“请客不埋单”的情形。

一般情况下，请客吃饭应遵循谁请客谁埋单的原则，但也有一些例外。比如，是公司领导请吃饭，整个饭局有上下级不同的人参加，此时则应由下属完成结账工作（下属只是负责现场付费，实际上埋单的还是领导）。还有一种情况也很常见，就是吃饭时总是由一个人埋单，别的人都觉得是理所当然，但是埋单的人却苦不堪言。

2.讲好的AA制要遵守

在国外，商界人士在共进工作餐时，更多的是以“AA制”方式付账。采用此种付账方式，需要事先言明。在算账时，做东者所要做的，主要是动手算账、伸手收钱、跑腿交费而已。既然AA制的性质决定了所有共餐者各付各费，那参加饭局的人有什么理由不付钱呢？

3.不该抢单莫出头

可见，抢单固然显得你这个人很大气，但是在不该抢单的时候抢单，对别人和自己都没有什么好处。如果你一定想借着埋单来显示大气，那不妨做得优雅一些，毕竟别人也知道有人请客还不好吗，没必要抢得像打架一样。

无论怎样，请客吃饭是一件好事，如果有需要你来埋单，或者你必须来埋单，那么你可以当仁不让地抢单，如果连你埋单的必要都没有，你就不妨“客随主便”吃一顿大餐，还为你下次回请客埋单做个好铺垫。埋单时，一定要考虑别人的面子，不要为了抢自己的面子而砸了他人的面子。有时候，让出一次埋单的机会，就是给他人一个面子，这样就等于别人结了账，而你做了人情，这样的好事为什么不做呢？

/第七章/

恋爱中的耳朵：巧言善语虏获真心

表达爱意要含蓄，让对方愉快接受

如果碰到令自己心动的对象，应该适时地表达自己的爱意。不过，对女人而言，采用含蓄的方式更为妥当。

含蓄地表达爱情，首先可使话语具有弹性，不致对方一拒绝就没有挽回局面的余地。另外，这也符合恋爱时的那种羞怯心理，易于掌握。

1.以物传情法

以物传情法，就是在运用语言表达爱情的同时，借用物品传达情意，也起到了含蓄地表达爱情的目的。美国著名影片《魂断蓝桥》的女主人公玛拉将自己心爱的象牙雕“吉祥符”送给男主人公罗依，玛拉和罗依是一见钟情的，他们虽然没有直言爱情，但从赠送“吉祥符”时，双方都已含蓄地表示了爱慕之情。在玛拉死后，这个不起眼的吉祥符，20多年一直在罗依的身边保存着，而且保存了一辈子，成为他们两人纯真爱情的象征。

2.表示关心法

鲁迅先生的《两地书》中，收进了他写给夫人许广平的许许多多信件，记载了这位文学巨匠表达爱情的特殊方式，给了我们非常有益的启示。如信中常这样写道："应该擅自保养，使我放心。"这些关怀备至、体贴入微的话语，比起那种空洞无物的抒情、赞美的话语来说，要有感情得多了。

3.表达感受法

例如直说"我喜欢和你在一起"，就不如说"我和你在一起的时候，总觉得时间过得那么快，真是光阴似箭；和你分别后，又觉得时间过得那么慢，真像是度日如年"。

又如说"我十分想念你"，就不如说："真不知怎么搞的，每当我做完工作，一静下来，你就在我的脑际浮现，我就想起我们在一起的日子。"

含蓄的表达爱情的方法各种各样，要根据具体人、具体情况来灵活运用。例如你的恋人是一位文化水平不高的人，你就不能采用深奥难懂的诗赠给对方的方式。如果这样，非但不能达到表示爱情的目的，甚至有可能会引起不必要的误会。

相亲时，要找准话头来聊

许多将要相亲的人都会这么问："见面后，我应该先跟他（她）说什么，才不会失礼呢？"的确，第一次相亲见面时的交谈是很重要的，甚至是相亲能否成功的关键。那么，相亲择偶时，我们到底应该说些什么，又该怎么说呢？

1.找双方感兴趣的话题

相亲的青年男女，在见面之前对对方已经有初步的了解，例如对于学历、年龄和家庭状况等。因此前来相亲者，多数对于预知的概况都是感到满意的。在相亲过程中，就可挑些双方都有兴趣的话来说。

不要太过紧张，要以平常心对待，这样你才能完美地表现自己，给对方留下美好的印象。说话风格可以活泼一点儿，让对方觉得你是很容易相处的，跟你在一起生活会很轻松、美满，同时，可以添加一些显现自己优点和长处的话语。女性说话最好要表现出端庄、内敛，让对方知道你不是一个轻浮、随便的女子。表现要得体，交谈时也要尽量选择对方感兴趣的话题。

2.掌握初次说话的艺术性

大龄青年的恋爱多半比较实际，所以谈话时往往缺乏浪漫、甜蜜的热情，显得冷静、平淡而且务实，这其实是初次见面时最要不得的。

小青年的恋爱不像大龄青年的恋爱那样目的明确，他们浪漫、纯真，满腔痴情地去爱一个女孩子或男孩子，并且他们往往不知道用更好的方式去表达爱慕，胆子大些的则唐突开口，搞得人猝不及防；胆小些的则把感情深藏内心，永无机会表达。所以，年轻人的恋爱或者说少男少女的恋爱伤害性较大，成功率也很低。一方面是由于他们年龄小、涉世不深，对感情的把握不够成熟；另一方面，也是很重要的一个方面，就是由于对恋爱时的说话艺术没掌握好。

所以，不要封闭自己的感情和心灵，如果初次见面你觉得对方还不错，就大胆地向他表示自己的真心和热情，就算是你有什么具体的实际要求，也不妨诚恳地说出来；而不要遮遮掩掩，想问不敢问，想说不敢说，把恋爱约会变成一个别扭、难堪的聚会，那样就没什么意思了。要明白，年龄已不允许你迟疑、犹豫。遇到称心如意的人，就拿出真心和勇气，放开胆子，大方地追求吧！在任何场合，男性主动同女性打招呼、问好是一种礼貌；在恋爱时，男性更要主动开口，并尽量展开话题，不要出现冷场。

读懂女人芳心，顺着对方的心理说

常言说得好："女人的心，天上的云。"确实，女人的心变化多，让人捉摸不透，使大多数男性追求者无从下手、坐失良机，或半途而废、功亏一篑。作为恋爱期间的男人，应多懂一点儿女人的心理，运用高超的技巧，抓住女人的芳心，摘到诱人的爱情之花。

1.如何说才能让对方满意

根据心理学家和社会学家的调查和分析，男青年求爱时，一般都积极主动，女方则爱"马拉松"。男性较女性更容易一见钟情；女性的自尊心和戒备心理都比男性强，她们的爱一般较深沉、执着。在情感特征上，女性更含蓄些，表现出娇嗔、自尊，但又带着过于羞涩、执拗的弱点；男性则显得外露、炽热，感情奔放，但其自制力又略嫌不足。

了解了女人的情感特征，在恋爱交谈中就能应付自如地掌握交谈方式，从频繁的交谈和接触中察言观色，相互间一定会有更深的了解，从而进入热恋的阶段。

2.面对刁难你该怎么办

（1）当对方问你："你和别人也是这样的吗？"

这的确是一个令人头痛的问题，通常是在情侣们关系亲近后有一方提出。这时，你只能说："啊，不，亲爱的，没有人能和我们的关系作比较。"或许这只是谎话，但反过来，任何正面做出比较回答，都是有害的，不是破坏了你们之间所建立的那种默契，就是损害了你以前情人的形象与精神。

（2）当对方问你："你真的喜欢我的家人吗？"

这也是一个严重的问题。当你爱上一个人，你只能与他结婚，而不是与他的家人结婚。但是，那些结婚多年的人会告诉你，有时你也像是和他（她）的家人结了婚一样。所以，如果男友（女友）问你这个问题，你可以这样回答说："啊，他们真有趣。"也许你可以补充："我觉得你爸爸很不错，只是，你能否叫他让我们自己决定度蜜月的地方？"

（3）当女友问你："我需要减肥吗？"

如果你被迫回答这个问题，你就要仔细推敲答案。对方是真的想知道你的建议吗？多半不是的。她想知道的，是不论她多重，你依然关怀她。所以，你最好这样答："我以为你身材挺棒。啊，我想起来了，可惜你不再穿那套蓝色裙子！它本来多么适合你！"这样一来，你虽有点儿说谎，但其实也暗示了一点儿真话。

（4）当女友问你："你以前有过女朋友吗？"

在一对情人的恋爱初期，女的往往喜欢问男的这类问题。她们想知道对方的底细。但如果你以往一直颇为花心，或者一直爱纸醉金迷的生活，即使现在已经痛改前非，也不宜立即就和盘托出。现在，还是先答道："啊，实在没有。我一向是不大外出的。"

（5）当女友问你："你目不转睛地看着那女子，是不是喜欢上她了？"

两个人相爱和结婚，并不就表示他们不会为俊男或美女所吸引，这样也丝毫不表示你不再爱对方。但不幸的是，当你发觉对方正在以欣赏的眼光看着俊男或美女，便自然醋意大发。所以，如果他或她问到你时，你最好还是这样回答："什么？我看什么？不，我什么也没看，我只是在动脑筋，动得眼睛发呆了吧。"

3.恋爱中也需要"谎言"

爱人之间理应真诚相待，来不得虚伪和欺骗，但如果每件事都得实言相告，每一句话都不得掺半点儿假，则不仅不能为爱情增添欢乐，反而还会使原本和睦温馨的关系出现裂痕。

不管对于恋人信任到多么可靠的程度，有些事情，如果没有说的必要，最好让它永远成为秘密，这当然是为着避免引起不必要的麻烦。

有必要的时候，我们不仅要隐瞒，更要为爱情而编织谎言，这往往能收到很好的效果。恋爱中的男女之间，谎言的作用更是好比润滑剂一般。

"每次和你约会时，总是在衣柜里翻半天，老觉得每件衣服都不好看，真觉得自己有点儿发神经了……”这种谎言，是一种俏皮、可爱的谎言，更深远的意思，已经在无言中流露出来了，对方必定会为你所动。

有的女性会为自己的男友着想，担心对方的经济能力不够，因此，在约会的时候说：“不知道怎么回事，我对出租车有畏惧感。”“每次坐在高级餐厅或咖啡厅时，我总觉得浑身不自在，似乎那种地方太过于高雅，不适合我这个土包子。说起来，我还是喜欢坐在阳台上欣赏夜色，吃自己煮的面，这样比较没有拘束感。”若对方真的没有充裕的经济能力，听到这些话，一定会为女方的温存体贴而感动。

因而，在不涉及大局，无关“宏旨”的一些琐事上，有时不妨以“谎言”来营造一种温情脉脉的氛围。

首次见对方父母，如何让家人满意

但凡男女双方接触之后，就到了见双方父母的阶段。在去之前，父母一定一早就设好了饭局，等待心目中的未来女婿或未来儿媳上门，以期对未来女婿和未来儿媳做一个全面的考察。

首次拜见对方父母至关重要，讲话也是需要讲究技巧的。

1.首次见女方父母怎么说

在你拜见女友父母之前，可事先让你的女友为你提供一些内部消息，比如她的父母属于什么性格的人，有什么兴趣爱好或特长，尤其是有没有什么嗜好。然后根据不同的情况选择一个主要话题，并围绕这个话题多做些准备，掌握和了解这方面的知识内容，便于随机应变、投其所好。但是需要注意的是，千万不要过多宣传自己的聪明才干。

许多年轻人在这种场合中皆以为最要紧的是表现得聪明能干，于是故意显示自己的抱负不凡，远比同龄人要强，近乎是自我宣传，以为这样就可以博得老人的欢心。

其实这是大错特错的。你必须明白，在一个长辈的面前，太聪明的言行未必能博得好感。一般年轻人轻佻傲慢，无非就是太聪明所致。才干和智慧应该是在有意无意之中流露出来，才能博人赞叹，而有意显露，则不免流于轻佻。

长辈喜欢聪明的你，但并不愿意你聪明到自鸣得意的程度。他们爱才干，但绝不是嘴上的才干。而且你必须明白，老年人的理想和年轻人有些不同，如果他们要选择一位女婿，不一定要那些自命不凡的人，而要稳重可靠的人。

2.首次见男方父母怎么说

一个女性最优秀的品德就是宽容大度、和颜悦色、端庄开朗，如果你具备这些优点，那么任凭什么样的家门你都能叩开；任凭什么个性的父母的心你都能打动。但要注意一点的是，他们在对你进行考察、探测的同时，你不妨对他们也做个考察，所谓将心比心。

如果他们在你具备了上述几点，还依旧不欢迎你的话，或许其中隐含着什么苦衷或不为人知的缘由，那你说什么都多余，反而增加彼此的心理负担，所以最好的方式就是沉默或找借口先离开。至于他们的儿子，你不妨再多考察一段时间，再确定你们是否进一步发展关系。

常言道，女人是水做的，那么就请你拿出水一样温柔的感情，去感化你周围所有的人，包括你未来的公公、婆婆、小姑和小叔，让他们为拥有你这样一个家庭成员而感到骄傲和快乐。需要注意的是，以下两种说法不宜采用：

（1）过多谈论自己的现代话题。平常你在同学或朋友当中，见面谈不到两句，接下去的不是谈衣服就是谈发式，不是谈电影就是谈舞会，但在拜见男方父母的时候那些话题就要统统收起来。虽然每个母亲都知道现代的女孩子会有什么样的兴趣和爱好，但她们却爱欺骗自己，不愿意第一次见到儿子的女友时就听到她过分地谈论这些话题。

（2）炫耀学问。他们将会用一种侦察的眼光来度量你，看看儿子的选择是否合适。他们和你谈论的无非是日常的琐碎事情，他们并不想考验你的学问，所以你无须在这方面炫耀。你话中若夹着太多的学理名词，反而会引起他们的反感。

/ 第八章 /

说好难说的话，打破僵局，化解尴尬

话不投机时，开口转移话题

常言道：“酒逢知己千杯少，话不投机半句多。”于是许多人认为，在话不投机时，只要把嘴闭上不吱声就可以了，其实这是一种误解。试问总是闭着嘴不说话，能达到沟通的目的吗？话不投机不等于不说话，更不等于不表达。

善于在话不投机时与对方有效沟通是某些特定时机和特定场合所必须具备的素质，因为这关系到自身将来的发展。因为话不投机的情形经常会碰到，一味不开口，不去考虑采用恰当的技巧去面对这种情况，你也许会错过许多机遇，有时甚至造成一定的损失。

遇到话不投机时，更要谨慎处理。下面就是在话不投机时进行有效沟通的方法和技巧。

1.避而不答

某单位一女工结婚，在单位散发喜糖，刚巧该单位有一位没对象的大龄女青年。大家吃着糖，突然一位中年科员笑着对那位女青年说：“喂，什么时候吃你的喜糖？”大家都望着那位女青年。那位女青年脸微微一红，把脸转向邻近的一位女同事，然后指着那位女同事身上的一件款式新颖的上衣问：“咦？这件上衣什么时候买的？在哪个商店买的？”两个人便兴致勃勃地谈起了那件衣服。

在大庭广众之下问大龄女子何时结婚确实是件很不礼貌的事情。女青年碰到这个尖锐的问题时处境十分尴尬，回答不好可能会引起大家的闲话，再说这事也没必要让大家来参与。于是她立刻把话题转移到同事的衣服上，借以回避对方的无聊问题。问者受到毫不掩饰地冷落，自然也认识到自己的失礼，没有理由责怪女青年对自己的置之不理。

2.以讹化讹

一位记者向扎伊尔总统蒙博托说：“你很富有。据说你的财产达30亿美元之多！”显然这一提问是针对蒙博托本人政治上是否廉洁而来的。对于蒙博托来说，这是一个极其严肃的而易动感情的敏感问题。蒙博托听了后发出了长时间的大笑，然后反问说：“一位比利时议员说我有60亿美元！你听到了吧！”

那些毫无根据又极具挑衅性的提问总是会激起人们的反感，但是直接地指责反而会显得自己涵养不够。所以，我们不如采用以讹化讹的方法，即根据对方的诘问，为自己编造一个更严重的罪责，嘲讽对方无中生有、不讲礼貌，表达我方对这种无凭无据的问题的极大愤怒和拒绝回答的态度。

3.针锋相对

1985年11月19日，在日内瓦湖畔的“水花别墅”，里根和戈尔巴乔夫举行首次非公开会晤。第一天下午，双方就分歧最大的问题——“星球大战”进行了一次激烈的辩论。

戈尔巴乔夫：“我们必须禁止生产任何空间武器，一定得禁止！一定得禁止！”

里根：“过去当我们独家拥有核武器时，我们并没有使用。这我已经告诉过您，您为什么不信任我？”

戈尔巴乔夫：“如果我说苏联绝不会向美国发起攻击，你会信任我吗？”

在对方语言犀利地向你进攻时，你必须不回避，针对其势头，立即予以回击，毫不手软。这一招是在必须坚持原则性的基础上或为了某种利害而不能退让半步的情况下，对方常常会因你的直接反击而有所缓和其攻势。

4.反守为攻

反守为攻的战略就是在回答提问之前，针对问题本身的难度先向对方发问，把压力转移到提问者本人身上，反被动为主动。我们在回避自己不愿作答的问题时可运用这一技巧。

1987年5月，我国足球教练高丰文率中国足球队南下。在与香港队大战前夕，香港有位记者想探听“军情”，便问高丰文：“你将怎样对待香港队惯用的打法？”高丰文反问道：“你说香港队的惯用打法是什么呢？”这记者冷不防被问住了，只得改口退守：“大概是防守反击吧。”高丰文立刻补上一句：“我不是郭家明（香港教练），我不知道他如何布阵。但是不管香港队怎样变化，我们都一样准备。”

反守为攻，常使毫无心理准备的对方措手不及，我方因此而顺利地扭转形势。

5.模糊回答

说话过程中，尤其是在一些质询性的论辩中，经常可以碰到一些不能直接回答但又不能不回答、一时无法回答但又必须回答的问题，这时候，论辩者可以巧妙地使用模糊论辩进行对答。模糊应答往往体现了说话者的机智，情急生智，应变自如，令人回味。

阿根廷著名的足球运动员迪戈·马拉多纳在与英格兰球队相遇时踢进的第一球是“颇有争议”的“问题球”。据说墨西哥一位记者曾拍下了“用手拍入”的镜头。

当记者问马拉多纳，那个球是手球还是头球时，马拉多纳机敏地回答说：“手球有一半是迪戈的，头球有一半是马拉多纳的。”

模糊应答以收缩性大、变通性强、语义不明确的词语回答一些不能直接回答又必须回答的问题，从而化解矛盾，摆脱被动的局面。

6.有意曲解

故意曲解可以起到意想不到的幽默效果，是说歪理的经典案例。即在对方提出一个问题或者话题时，先表现得很正经，最后一个歪理把对方逗乐。A说：“我腿好酸。”B一脸紧张她问：“怎么了？是不是踩到柠檬了？”

7.以理拒之

对于那些有意刁难、别有用心的问题，有的时候，我们没有必要掩饰心中的反感和左右为难，也不必绞尽脑汁地思考应对之计，而可以直接指出对方的问话不合时宜或者没有礼貌，暗示这种不合理的提问会给别人带来难处，从而正面拒绝回答该问题。

在遇到“话不投机”的情况时，还有许多方法和技巧来应付，以上七种只是常用的办法，使用时不能拘泥，而要灵活多变。这样，“话不投机”的局面就不是仅仅通过沉默或一走了之这样的途径来解决了。

尴尬时，不妨用戏谑语言

相信你一定遇到过那样的场面，你或你周围的人突然一不留神，在众目睽睽之下滑倒。幽默可以巧妙地把这种陷自己于不利的因素，用一种荒诞的逻辑歪曲成有利因素，机智地将自己从困境中解脱出来。

如果能使人发笑，人们也就会将刚才的尴尬场面渐渐忘掉，气氛会慢慢恢复正常。

1.当遇到窘状时

一次，里根总统在白宫钢琴演奏会上讲话时，夫人南希一不小心连人带椅跌落到台下的地毯上，观众发出惊叫，但是南希却灵活地爬起来，在众多宾客的热烈掌声中回到自己的座位上。正在讲话的里根看到夫人并没有受伤，便插入一句俏皮话：“亲爱的，我告诉过你，只有在我没有获得掌声的时候，你才可以这样表演。”

戏谑是人们适应环境的工具，是任何人在面临困境时减轻精神和心理压力的方法之一。

2.有人挑起事端时

有一次，林肯在擦自己的皮鞋，一个外国外交官向他走来说："总统先生，您竟擦自己的皮鞋？""是的，"林肯诧异地反问，"难道你擦别人的皮鞋？"

在尴尬处境中表现出来的小幽默，不仅可以给人带来轻松愉快的心情，还能营造和谐融洽的相处空间。

人们总要面对诸多的人和事，与人交往之时总会出现一些小摩擦。如果将这些小问题看得过重，就会影响自己的正常生活，也会对别人造成心理上的不愉悦，而幽默的心态则能缓和一些尴尬气氛。

将不愉快的事情扼杀在萌芽状态中，或者使其朝着好的方向发展，需要把握住时机。同时，如果加入幽默的元素，会达到意想不到的效果。

3.两人针锋相对时

约翰先生下班回家，发现妻子正在收拾行李。"你在干什么？"他问。"我再也待不下去了，"她喊道，"一年到头，老是争吵不休，我要离开这个家！"约翰困惑地站在那儿，望着他的妻子提着皮箱走出门去。忽然，他冲出房间，从架上抓起一只皮箱，也冲向门外，对着正在远去的妻子喊道："等一等，亲爱的，我也待不下去了，我和你一起走！"怒气冲天的妻子听到丈夫这句既可笑又充满爱心和歉意的话，像气球被扎了一个洞，很快就消气了。

只要语言把握得当，戏谑调笑的化解法大多数人都拒绝不了它的“攻效”，因为它能使人开怀大笑、舒展情绪，在笑声中淡化尴尬与窘迫。这是作为一个应酬高手应该掌握的、摆脱窘遇的技巧。

大千世界，纷繁复杂，在任何场合都免不了磕磕碰碰。一些细节如果处理不好，会带来不必要的麻烦。如果遇到一些棘手的问题，学着用幽默的心态面对它，会使大事化小，小事化了，从而还你一片明净的天空。

遭遇失言，及时补救打好圆场

马失前蹄可怕，人失言也同样可怕，当口出错语时，应想尽办法及时补救。同样，当行为冒犯了别人，引起对方的疑虑时，要采取巧妙的方式进行处理，这样才能打消他人的疑虑，免去无意间造成的祸患。由此，我们应利用现时的条件努力培养生存的“急智”。

1.更换题旨

司马昭与阮籍有一次同上早朝，忽然有侍者前来报告：“有人杀死了母亲！”阮籍素来放荡不羁，信口说道：“杀父亲也就罢了，怎么能杀母亲呢？”此言一出，满朝文武哗然，认为他“抵牾孝道”。阮籍也意识到自己措辞不当，连忙解释说：“我的意思是说，禽兽知其母而不知其父。杀父就如同禽兽一般；杀母呢？就连禽兽也不如了。”一席话说得面面周到，众人无可辩驳，阮籍也免去了杀身之祸。

当失言时，如能更换题旨，把失误的话语进行别致的解释，就能收到四两拨千斤的效果。

2.声东击西

美国前总统里根在向记者谈论健康的奥秘时，不自觉地信口开河道："除了运动，我的另一个习惯是不吃盐。谁要想保持身体健康，最好不吃盐或少吃盐。"此言一出，立刻引起全国盐业从业者的齐声抗议，引发了一场"食盐风波"。在众怒未平时，盐业研究所所长出面替总统做了解释："吃盐对人体是有好处的；而里根总统遵照医生嘱咐不吃盐也是情非得已。每个人的情形不同，应根据自已的身体情况来决定食盐的多寡。"

当失言时，不对失言进行单纯的肯定或否定，而是进行客观的解释，声东击西，一般都能收到理想的效果。

3.复位圆场

著名相声演员马季有一次到湖北省黄石市演出。在他表演之前，有一位演员错把"黄石市"说成了"黄石县"，引起了听众的哄笑。在笑声中马季登台演出，他张口就说："今天，我们有幸到黄石省演出……"这话把哄笑声中的听众弄糊涂了。正当大家窃窃私语时，马季解释道："方才，我们的一位演员把黄石市说成县，降了一级。我在这里当然要说成省，给提上一级。这样一降一提，哈！就平啦！"几句话，引得全场哄堂大笑，马季机智巧妙地给圆了场，使演出得以顺利进行。

在某些场合，在数量、级别等方面发生口误是很常见的失言形式，采用"复位法"是应付这一类失言较为有效的方法。

4.特解反击

一次，小王在与小李进行辩论当中，对小李说："你的论调怎么有点儿像希特勒？你是从希特勒那里学来的吗？"

小李失言道："是的。"小王趁机进攻："我还不知道原来你是纳粹分子。"

小李反击说："希特勒是我最好的反面教员。我觉得你强加于人的手段倒是和希特勒一脉相承的。"

补救错话常用的一种方法是利用特定的环境、特定的解释使错话转意，给对方以猛烈一击。只要解释得合情合理，错话就不错了。有时甚至可以把"错话"说成是自己故意说的。

5.及时补充

1981年，白宫突然得到里根遇刺的消息后，总统办公厅一片慌乱，不知所措。富有经验的国务卿黑格出来维持局面。黑格曾任美国驻欧洲部队司令，脱下军装后又当上了国务卿，一向以果断、稳重而知名。当他听到里根被刺的消息，也慌了手脚，还闹了个笑话。

一个记者问黑格："国务卿先生，总统是否已经中弹？"

黑格回答："无可奉告。"

记者又问："目前谁主持白宫的工作？"

黑格答道："根据宪法规定，总统之后是副总统和国务卿，现在副总统不在华盛顿，由我来主持工作。"

这一回答引起了轩然大波，记者们议论纷纷。另一个记者马上又问："国务卿先生，美国宪法是不是修改了？我记得美国宪法上写明总统、副总统之后是众议院院长和参议院院长，而不是国务卿。”

黑格听后明白是自己失言，急中生智反问道：“请问在两院院长后又是谁呢？他们都不在白宫现场，当然由我来主持了。刚才为了节约时间，少说了一句话而已。”

几句话便自圆其说，从而为自己解了围。

6.转移焦点

美国国务卿季辛吉是一位成功的外交家，一次，他接受意大利女记者法拉奇的采访，说起自己成功的外交施政时，竟夸口说道：“美国人崇尚只身闯荡的西部牛仔，而单枪匹马向来是我的作风，或者说是我技能的一部分。”

此番话一经报章发表，马上引起轩然大波，连一贯赞赏季辛吉的人们也不满于他自大喜功的轻率言论。然而，季辛吉毕竟是季辛吉，他不但沉住了气，还明智地主动接受采访并乘机声明：“当初接见法拉奇是我平生最愚蠢的一件事。她曲解了我的话，只是拿我来做文章罢了。”

季、法两人的话，究竟谁真谁假，外界一下子丈二和尚摸不着头脑。这便是一种转移别人注意力的方法。它可以减轻失误的严重性，但在一般情况下，应用此法应该谨慎，因为它实际上是诿过于人，不到万不得已时最好少用，以免损害自己的声誉，失去他人的信任。

7.及时改口

美国前总统里根访问巴西时，由于旅途疲乏，在欢迎宴会上，他竟闹出不可原谅的笑话：“女士们，先生们！今天，我为能访问玻利维亚而感到非常高兴。”顿时场内一片寂然，众人面面相觑，不明就里。有人低声提醒总统说漏了嘴，里根忙改口道：“很抱歉，我们是不久前访问过玻利维亚。”尽管当时他并未去过玻利维亚，但听众还未反应过来，他的口误就已经淹没在他接下来的滔滔大论之中了。

“及时改口”是补救言语失误的妙法。只要及时发现错误，就能掩饰言语失误，避免出丑。

8.调换视角

在评价别人时，因在某一方面失言而令对方不快，可及时调换视角，肯定或赞赏对方其他方面的优势，以此作为补偿。这会使对方对你的失言不放在心上。在日常生活中这是比较常见又较容易使用的方法。

一个高高瘦瘦的小姐新买了一件收腰的短上衣，兴冲冲地邀女友小王品评。小王见她穿了新衣越发状如衣板，不禁脱口说道：“这件衣服并不适合你。”对方顿时面沉如水。小王见状自责，转而笑吟吟地说道：“像你这样苗条又修长的身材，如果穿上那种宽松肥大长至膝下的衣服，就会越发显得神采飘逸、潇洒大方了。那些矮而又胖的人就穿不出这种气质来。”小姐听罢顿时转怒为喜。

9.添言减字

隋朝末年，秦琼贫病交加晕倒在单家庄。单雄信救起他，说起自己久仰秦琼的大名，但苦于不曾谋面。秦琼脱口而出：“正是在下。”话一出口他便后悔了——怎么能在一个陌生人面前暴露自己的身份？于是他又很快在后面添了四字，改成“正是在下同衙朋友”，巧妙地掩饰了自己的身份。

这种在文字上增文减字的技巧，需要说者冷静、机智，随机应变。将自己说过的“错话”添言减字，让意思改变，是巧妙改口的另一个招数。

10.承认错误

勇于承认错误的人永远都是受欢迎的，以坦率道歉来援救过错，以真诚检讨来赢得宽恕，比遮遮掩掩、文过饰非要高明得多。当你不小心说错话，不妨公开承认错误，相信大家都会欣然接受。

美国前总统杜鲁门的女儿玛格丽特有一次开演唱会，被评论家休姆批评得一文不值。杜鲁门一气之下写了封信去责骂休姆，称他是“蹩脚的评论家”，对他说：“希望有朝一日遇上你，那时，小心你的鼻梁。”这封信被休姆公开于世，总统形象一落千丈，杜鲁门明智地选择了公开道歉的方式，他诚恳地对人民说：“我的感情十分脆弱，有时候会控制不了自己。”

当你失言时，就需要灵活应变，这样才真正能使“失言”成为“实言”。

遇上当众发难，不卑不亢地应对

饭局上，当你正在和一大群朋友侃侃而谈的时候，突然出现冷场或者突然有人接过你的话头，当着众人的面刁难你，让你下不了台，这样的气氛一定难堪至极。遇到这样的情况，你该如何面对呢？

1.善于打破沉默

不管是在面试的过程中，还是在与人正常的交往中，常会出现冷场的局面。冷场让双方都会很尴尬，当对方把话题都说尽时，再也找不到合适的话题，内心就会有一种挫败的感觉，此时你要给人留下愉悦的印象，就要懂得打破沉默，保持你的激情。

冷场常常出现在谈话双方都没有激情的情况下，所以要用你的激情保证整个谈话过程的活跃和热烈。如果冷场出现，一定要主动打破沉默，找到可以激起对方谈话兴趣的话题，或者运用提问打破沉默，打开对方的话匣子，从而保证整个交谈过程的愉悦。

交往过程中的交流应该是互动的，每一个人都应善于寻找合适的话题来打破沉默，不管这种沉默是无意的还是有意设置的。这是一种自信的表现，也是一种能力。

2.对刁难予以准确回击

倘若你要面对别人的有意刁难时，仍旧保持平静和理智，这是十分困难的，你势必要做出相应的回击。但是同时，既要保住自己的面子，又不至于因回敬过头而显得无礼，如何说话才能把握好其中的度，这也是很难的。

/第九章/

实话巧说，面试求职顺利通过

巧谈薪金待遇问题，让考官易于接受

我想大多数的人都会遇到这么一个问题，就是在面试的时候该如何巧妙地谈工资。薪金是一个既敏感又不可回避的问题。说多了怕面试官接受不了从而导致自己不被录用，说少了自己又不是特别的情愿，那么该怎么办呢？

1.了解市场行情，确定薪金范围

一家外资的数码公司招聘一名技术开发人员，在面试时考官直接对前来求职的小佟说："你应聘我公司的那个职位，按照我们公司的薪金制度，基本工资每月只有1500元，有问题吗？"小佟笑了笑说："尽管这个薪金不算太高，但据我所知，贵公司对高级人才有另一套薪金架构——每月奖金最高大概在500元左右，每年还可以发16个月的工资。工作一年后工资翻番。我本人拥有研究生学历，又有三年的工作经验，完全符合高级人才的标准，我希望自己能享受这套薪金制度的最高标准。如果那样的话，我非常愿意从事这项工作。”考官笑了笑说：“看来你是有备而来啊，我们的薪金制度的确是这样，你也符合高级人才的标准。欢迎你加盟本公司。”

2.含蓄表达

一家家具公司招聘一名市场策划，前来应聘的人很多，在经过面试之后，考官都要问求职者一句：“你希望的薪金是多少？”很多求职者都用不同的数据回答了面试者的这个问题。只有小王回答道：“我期望一个比较合理的薪金待遇，就学历而言，我是统招本科，高于您要求的大专学历；就专业而言，我是市场营销专业，与您的需求相当对口；就成绩而言，我在班级能排到前5名，专业知识很扎实；就能力而言，我在大学时是优秀学生干部，组织能力和领导能力都还不错。我如果加入贵公司，一定会给您带来不错的效益，而我个人也期望得到相应的回报。因此，我希望得到一个不低于该职位现有员工标准的待遇。不知道我的请求是否过分？”考官听到此话，笑着说：“不过分，不过分，既然是人才，我们就应该适当提高待遇。你的要求我们可以满足。”

3.尽量使用一个概数

小赵应聘上海一家公司的企划岗位。面试的最后考官问：“你期望的月薪最低标准是多少？”小赵回答：“我希望贵公司能根据我的专业能力、工作经验、工作态度以及工作业绩来决定应付给我的薪水。我相信贵公司一定有一个完善的薪金制度。”“从现在开始的两年时间内，你的薪金目标是每月多少钱？”小赵笑了笑说：“我的学历和考试成绩您都看过了，我对自己还是比较自信的，结合上海地区的工资水平，我希望我的月薪可以在四千到五千之间。”招聘人员笑了笑表示，尽管略有些高，但还可以商量，于是决定录用他。

4.巧留后路，不要完全拘泥于薪资本身

学习旅游专业的张同毕业后来到一家大型的旅游会展公司面试，在业内人士看来，这是一家非常有名气和实力的公司。在面试中，张同表现得非常出色，当面试官问及她期望的薪金的时候，她提出了一个较高的薪金要求。担心面试官不能接受，她便强调说：“薪金不是最重要的，重要的是我希望能在公司学习、工作。”由于她提出的薪金要求和该公司提供给新员工的薪金差距较大，面试官明确表示：这样的薪金要求，本公司不能接受，但既然张同认为薪金不是最重要的，不妨再商讨一下双方都可以接受的金额。张同的“缓兵之计”很好地缓和了“谈判局势”，使即将结束的面试得到转机，也使张同最后求职成功。

独特的自我介绍，让考官在心里记忆深刻

俗话说：“千里良马尚高嘶。”求职面试时，同样要学会恰当地自我介绍。招聘者手中往往拥有许多求职履历表，这里面的应聘者个个实力雄厚，所以，招聘者想知道你和别人相比有什么独到之处。在能力相同的情况下，那些求职者之所以能够成功，关键在于他们在作自我介绍时的出色表现。

1.彬彬有礼

在做介绍前，要先对主试官打个招呼，道声谢，如：“经

理，您好，谢谢您给我这么好的机会，现在，我向您做个简单的自我介绍。”介绍完毕后，要注意向主试官道谢，并向在场面试人员表示谢意。

这能给主试官留下很好的印象。没有人会拒绝谦恭的态度。

自我介绍时，整体上讲求落落大方、彬彬有礼。表情要尽量放松，态度要自然、友善、亲切、随和，最好能略带微笑。可以面对镜子找出自己最具亲和力的笑容，学会用目光或表现表达友善。

此外，千万不要以为“自我介绍”最容易用上的字是“我”字。当面试官说：“谈谈你自己吧！”一名应试者十分巧妙地回答：“您想知道我个人的生活，还是与这份工作有关的问题？”他把应该用“我”字打头的话，变成“您”字打头。

老把“我”挂在嘴边的人，易使人反感、受人轻视，被认为是强迫性的自我推销。所以，要经常注意把“我”字变成“您”字。“您以为如何呢？”“您可能会惊讶吧？”“您一定觉得好笑。”“您说呢？”把“自我介绍”变成一场你与面试官之间沟通的谈话。

2.主题明确

“我的经历非常简单。1985年，18岁的我高中毕业没有考上大学，招工进入某厂当上了一名车工。从此，我操刀切削十多年。其间3次参加全市车工岗位技术大比武，荣获两次第3名，一次第2名。去年企业破产，我下岗失业。下岗后参加过3个月的电脑培训，3个月的英语培训，取得两个上岗证书，为我掌握现代化的数控车床操控技术打下了基础。听说贵公司招聘技工，我觉得自己是比较合适的人选。”

求职面试中的自我介绍宜简不宜繁，一般包括这些基本要素：姓名、年龄、籍贯、学历、学业情况、性格、特长、爱好、工作能力和工作经验，等等。对于这些不同的要素该详述还是略说，应按招聘方的要求来组织介绍材料，围绕中心说话。假如招聘单位对应聘者的工作能力和工作经验很重视，那么，求职者就得从自己的工作能力及经验出发做详细的叙述，而且整个介绍都是以这个重点为中心。

3.不动声色

小秦曾经得过全国发明奖。他先故意不跟面试官提这件事，当谈话进一步深入时，面试官提到这项发明。小秦笑笑说：“这是我前年搞的。去年和今年又搞了两项。”面试官问：“能谈谈这两个发明吗？”小秦于是侃侃而谈。面试官十分高兴，录用了小秦。

有位成功面试者说：“我毕业于一所没有名气的大学，但请看看我过去10年的工作成就吧！”这样说突出了他的精明和强干，用事实来说话。

4.诚恳实在

对很多用人单位而言，诚实被认为是人最大的美德。与诚实相关联的是忠诚、正直、真实，而与诚实相对立的是虚伪、欺骗、欺诈等。一个初入社会的青年，诚实也许是他可以拥有的最有效的武器。

诚实是一种被低估了的美德，尽管有关因诚实而受益的故事不胜枚举，但往往很多人要么不相信这类故事，要么认为诚实会暴露自己的缺点，从而伤害自己的形象。因此，有意识地将自己的能力和成绩夸大，同时极力掩盖自己的缺点，以期博得对方的好感，或者自鸣得意于雕虫小技，殊不知这正是使自己走入了求职的误区。

5.展示自信的形象

一家物流公司在招聘考试时，发现一位应试者在校成绩不太好，主考者问道："你的成绩不是很好，是不是不太用功？"应试者回答说："说实在话，有的课我认为脱离实际，所以把时间全花在运动上了，所以我现在身体特别好，还练就一身好功夫。"主考者很感兴趣，让他表演一下。应试者脱下衣服，一口气做了100多个俯卧撑，使主考者大为吃惊，立即录用了他。

谈论自己的话题，应尽可能避免一些夸大的形容词，把话讲得客观真实，尽量用实际的事例去证明你所说的，最好用真实的事例来显露你的才华给面试官。

在自我介绍中，要尽量避免对自己做过多的夸张，一般不宜用"很""第一""最"等表示极端的词来赞美自己。

多点儿心眼，巧避难题与言语陷阱

应聘者希望找到一个能够了解自己优点的老板，用人单位则希望能找到优秀的合作伙伴。当陌生的双方相见后，都想在短短一席话中努力表现出自己的优点、说出聪明话或立即呈现出很棒的反应，以便给对方留下良好的印象。

面试官为了不至于“选错郎”，也许会在面试中设置各种语言陷阱，以探测你的智慧、性格、应变能力及心理承受能力。求职者只有识破这些语言陷阱，才能小心巧妙地绕开它，不至于一头栽进去。

1.你所遇到的最好和最差的雇主?

大多数公司希望听到你将你最乐意为之工作的雇主描述成：他热心于帮助你的学习和成长，参与你的工作进程，当你出色地完成工作时，他会慷慨地给予你精神和物质的奖励。而你在面试阶段，不能说坐在你对面的那位就是你遇到的最好雇主。

如果在你的工作生涯中，你确实遇到过这样的雇主，那就再好不过了。但是，如果你没遇到过，也可以发表自己对最好雇主的看法并表述你的希望。

现在轮到最差的雇主，你将对此说点儿什么呢？记住千万不要对这位最差的雇主进行恶意攻击，这将使面试考官怀疑你与他人相处的能力。

例如，你对那位你觉得最差的雇主施之以“他很偏心”的评价，那面试考官心里想的可能是：为什么他喜欢别人胜过喜欢你呢？又如你对他施之以“不交给工作任务”的指控，面试考官心里可能在想：其原因是否是你缺乏按时按质完成工作的能力呢?

要注意掩饰和消除言辞中的负面因素。你的绝大多数时间要花在正面地积极地陈述你所取得的成就或优秀品质上。比如，你的“吝啬的老板从不传授经验”，那你强调的是你对知识的渴望。同样，你的“主管很少参与你们的工作进程”，那应强调的是你希望参与一个更有凝聚力的团队。在面试之前积极准备、不断地练习，你就能做到这一点。

2.你的相关经验比较欠缺，你怎么看?

碰到这样的问题，有的求职者常常会不由自主地摆出防御姿态，甚至狠狠地反击对方。这样做，只会误入过分自信的陷阱，招致“狂妄自大”的评价。而最好的回答方式应该是既不要掩饰回避，也不要太直截了当，可用明谈缺点实论优点的方式巧妙地绕过去。

比如说，当对方提出你的学习成绩不是很优秀时，你可以坦然地承认这一点，然后以分析原因的方式带出你另外的优点。如，在校期间学习成绩之所以不很优秀，是因为我担任社团负责人，投入到社团活动上的精力太多。虽然我花在社团的心血也带给我不少的收获，但是学习成绩不是最优秀，这一点一直让我耿耿于怀。当意识到这一点后，我一直在设法纠正自己的偏差。

3.天上的星星一共有多少颗?

对于一些太过刁钻，而且实在无法回答的问题，不妨反戈一击，反问对方，也能起到意想不到的效果。

压力面试的目的不仅仅看你回答的内容，更多的是考查你面对压力表现出来的冷静，因此，面试官在提出很有挑战性的问题时更留意你当时是否自信，而不是你回答的是否完美。无论碰到什么问题，要冷静和有信心，直视着面试官来回答问题。

4.我们认为你不适合我们单位，你认为是什么原因呢?

面对这个问题，李某的回答如下：

“我认为面试向来是5分靠实力，5分靠运气的。我们不能指望一次面试就能对一个人的才能、品格有充分的了解和认识。通过这次面试，我学到了很多东西，也发现了自己的不足——既有临场经验的不足，也有知识储备的不足。希望以后能有机会向各位考官讨教。我会好好地总结经验、加强学习、弥补不足，避免在今后的工作中再出现类似的问题。另外，希望考官能对我全面、客观地进行考察，我一定会努力，使自己尽量适应岗位的要求。”

其实，考官是在考察你的应变能力，并非真的对你不满，如果他们认为你不合适的话，是不可能再问你问题的。因此，要沉着应付，不要中了圈套而暴露自己的弱点，回答时可以虚一点儿，把重点放在弥补弱点上，这可以看出你积极进取的品质。另外，要诚恳地向考官讨教，以博取他们的好感。

5.你认为金钱、名誉和事业哪个重要?

面对这种诱导式的陷阱问题，某应聘者这样回答道：

“我认为这三者之间并不矛盾。作为一名受过高等教育的大学生，追求事业成功当然是自己人生的主旋律。而社会对我们事业的肯定方式，有时表现为金钱，有时表现为名誉，有时两者均有。因此，我认为，我们应该在追求事业的过程中去获取金钱和名誉，三者对我们都很重要。”

被问有何“缺点”时，该怎么回答

参加招聘面试，最怕考官提些让人“无从下口”的问题，像“你有哪些缺点”，就是典型的面试难题。

面试考察中，有些应试者被别人提到自身的缺点，或是不愿触及的问题时，常会不由自主地摆出防御姿态，甚至反击对方。这其实对你的面试是极为不利的，甚至是你面试中的一大危机。别忘了，你只是一个候选人，自以为是振振有词地驳倒面试官，只会使你误入面试陷阱。

1.要承认缺点

有的面试官常常对那些表现令人满意的应试者提出令人尴尬的问题：“从事某项工作你有什么主要缺点或不足？”有的考生连连摇头，回答说没有，甚至有人反问：“您说呢？您给我指出来好吗？”有的考生不假思索，脱口而出：“我的缺点就是特散漫，不愿意受纪律约束。”或述说从事某项工作的其他致命缺点，令人啼笑皆非。这样的人单位敢要吗？

而有人的回答却令面试官赞叹不已，他们既不掩饰回避也非直截了当，而是联系年轻人的共同弱点，如缺乏实践经验、社会阅历较浅等；结合本专业的发展趋势，如知识结构不甚合理、专业知识不足以应对新的挑战等；还有过分追求完美、开拓精神不够、过于追求工作效率、小心谨慎不足，等等；讲讲自己正在克服和能够改正的弱点，谈理想与现实中的差距，讲那些表面是缺点但对某项工作有益的个性，相当于说“我很丑可是我很温柔”“我很笨，但是我更忠于职守”，等等，这样既体现了谦逊好学的美德，也正面回答了这一难题。

2.要扬长避短

求职面试时，如何做到扬长避短？

第一，不宜说自己没什么缺点。

第二，不要把那些明显的优点牵强地说成缺点。

第三，切勿不经思量地说出那些严重影响应聘工作的缺点。

第四，不宜说出一些令人不放心、不舒服的缺点。

3.及时澄清误会

在面试的时候，你要认识到：有的“缺点”并不是缺点，而是一般意义的误会造成的，这时，你应及时澄清，缩短与对方心理上造成的差距。

一个人有缺点并不可怕，可怕的是不敢承认它、改正它，反而强词夺理。这时候缺点就变成危机了。

从辩证的角度看，缺点与优点是相互转化的，前提是正确地认识缺点，实实在在地改正缺点。“横看成岭侧成峰”，对缺点本身来讲，有些“缺点”对某些工作来说恰恰是优点，“我很笨，但是我更忠于职守”；对有缺点的人来说，无论是消除误会，还是坦然承认，都会使消极评价转化为积极的评价。

巧妙回答，化解紧张气氛

在求职面试中，主考官经常会给你出一些令你左右为难的问题。在这个时候，你可以选择缄默吗？不能，那只会使你与工作失之交臂。你只能勇敢作答，但有勇也要有谋。

1.两难问题，圆融回答

对于可能设有“陷阱”的提问，一般情况不要直答，而应想一想对方的用意何在，“机关”在哪里，然后运用预设前提的说法跳过陷阱，予以回应。

比如，其中有一个问题常常被当作拦路虎，它时不时跳出来为难求职女性：如果让你在家庭与事业之间做选择，你认为哪一个更重要？

你可以参考如下的回答：

“我认为，无论在工作上还是在家庭中，女性的最大目标都是要使自己活得有价值。虽然我很想通过工作来证实自己的能力、体现活着的意义，但家庭对于我的意义也是不容小觑的，我也相信，不只是我，可能每个人都是这么认为的。家庭和工作也许是互相影响的两方面，但我相信，它们并不是站在对立的立场上，处理得当的话是完全有可能两全其美的。事实上，有很多女性都是这样做的，而且她们也做得很不错。我认为我也可以做到。”

在面试中，学会这样回答问题，不要表明你对任何一个方向的倾向，能大大提高被录用的机会。

2.离职原因，小心表达

“你能说一说离开原单位的原因吗？”这类问题在面试时经常会被问及，面试考官能从中获得很多有关你的信息。因此，求职者面对这个看似简单的问题，回答时切不可掉以轻心。对于一些普遍性的原因，如“大锅饭”阻碍了自身的发挥、上班路途太远、专业不对口、结婚、生病等人们都可以理解的原因，是可以如实道来的。

关于为什么从上一家公司离职，这是不少求职者都会被问到的问题。对下面一些原因就要慎之又慎了，否则，很有可能使你的面试陷入僵局。

（1）关于上司的问题。对你的前任上司切不可妄加评论，要知道现在招聘你的考官可能就是你未来的上司，既然你可以在他面前说过去的上司不好，难保你今后不对他说三道四。一个人要在社会中生存，就得与各色各样的人打交道，挑剔上司说明你对工作缺乏适应性。

其实主考官心里有数，知道许多人是因为讨厌上司而辞职不干的，他们自己也可能因为同一原因换过几次工作，但是没有多少雇主喜欢听这种话。

惠普公司的副总裁麦克·李弗尔说：“我想不通为什么有些人希望我录用他，却又去谈他和上司有冲突。那等于拉响了警报。”然而，如果你真是因为上司太难应付而辞职，就应该委婉地告诉主考人，这比直接说出来好得多。要说得得体，保持冷静。

（2）关于人际关系的复杂。现代企业讲求团队精神，要求所有成员都有与别人合作的能力，你对人际关系的胆怯和避讳，会让人认为你心理状况不佳，处于忧郁、焦躁、孤独的心境之中，从而妨碍了你的事业发展。

（3）关于工作压力太大。在这个快节奏的现代社会，无论是在企业内部还是在同行业之间，竞争都很激烈。竞争不仅来自于社会压力，同时也使员工处于高强度的工作压力之下。如果你动不动就说，在原单位工作压力太大，很难适应，很可能让现在的招聘单位对你失去信心。

（4）关于你想换行业的意愿。洛杉矶的招募员霍华德·尼奇克告诫说："不要直接说'我想试一试另一份工作'。我听了会这么想：'此人对自己的方向都没搞清楚。'"你应该说，以你的能力、个性和志向，做这份新工作更适合，或者说，你想"添加"一些能助你取得更大成就的新经验。

你可以从这几个方面来说，一方面是自己的专业基础、曾经的工作经验、社会活动、个人感受，说明你对这个职位的了解；另一方面告诉考官你的性格，正是这样的性格适合这份工作；此外，再把你的兴趣与工作联系起来就使这个回答更加圆满了。

3.幽默沟通，润滑关系

在一次电视台主持人招聘面试中，考官问一位女学生："三纲五常中的'三纲'指什么？"这名女学生答道："臣为君纲，子为父纲，妻为夫纲。"她刚好把三者关系颠倒了，引起哄堂大笑。

可她镇定自若，说：“我指的是新‘三纲’，我们国家人民当家做主，领导是人民的公仆，当然是‘臣为君纲’；计划生育产生了大量的‘小皇帝’，这不是‘子为父纲’吗？如今，妻子的权利逐渐升级，‘妻管炎’‘模范丈夫’流行，岂不是‘妻为夫纲’吗？”

幽默是自信的表现，是善于处理人际关系的反映。可以说，哪里有幽默，哪里就有活跃的气氛；哪里有幽默，哪里就有笑声和成功的喜悦。为此，在非常严肃、紧张、决定前途面试的时候，不妨来点儿幽默，不仅能使自己放松，也使考官记住你，可能还会使你在面试中脱颖而出。

面试中，自信的应答不但有助于受试人吻合招聘者既定的聘用期望，而且可能重新塑造招聘者的聘用愿望。然而有的人更胜一筹，是因为他在自信中添加了幽默的元素。

从容而自信，向考官展现十足底气

在面试的时候，没有人不希望自己能获得理想的职位，但是绝大多数人，在面对考官的时候，缺少必需的自信和说话的底气，因此他们不能打动考官。

1.展示自信心

自信的行为经常表现为：当表达自己的观点、要求、见解时，确信他人也拥有表达和建议的同等权利。

自信的人倾向于对自信心的关心和培养，对问题的出现采取适当的态度，对他人充满信任等。自信的行为可以通过以下一些语言和非语言的方式表达出来：

"我相信……我是这样认为的。"

"我打算……"

"对解决这个问题，看看我们能做些什么？"

作为自信的行为模式，可以从一些特殊的非语言形式中识别出来。一般地说，自信的行为通常表现为：坚定、适中的声音，口齿清楚、语言流畅，目光稳定温和，面部表情坦诚，身体自然放松而有控制力等。

如果考官问你："你是否有信心胜任这份工作？"你应该清楚，这不是一个"是"就能回答完毕的问题，但是，首先给予肯定的回答才能够显出你的信心。接着，你要描述你成功胜任过的相似的工作（记住，强调结果，因为结果是衡量成功的唯一标准）。如果你没有相关的经验，那么就信心十足地分析你的知识，还有你的性格，这些也是考官们考察的因素。虽然并没有一个回答的标准答案，但是只要以一种坚定与自信的口吻把你所具有的优势与这份工作的联系表达出来就是这个问题的一个完整的答案。

2.展示抗压性

她向一家广告公司申请了一个文案的职位并顺利地通过了筛选面试。在第二轮面试时，她遭遇了公司的人事经理杨女士。

当她信心十足地跨进杨女士的办公室，在例行的欢迎之后，气氛就完全变了。

杨女士首先浏览了一遍她的简历，然后冷冷地抬起头盯着她："你觉得这份简历能说服我留下你吗？"

她自信又不失礼貌地答道：“诚然，简历只是让您了解我的工具之一，所以我现在坐在您的面前，相信经过面试您会对我有更全面深入的了解，并做出选择。”

听完这番话，杨女士立刻露出了微笑的表情，对她的态度一百八十度转弯，示意她先喝水再慢慢聊……

有的面试过程中，主考官会故意采用一种压力面试来测验你的抗压能力。所谓压力面试一般是指在面试刚刚开始时，主考官就风向一转，给应试者以意想不到的一击，以此观察应试者的反应。

比如，面试官会突然提出一些不甚友好或具有攻击性的问题，这时，如果你能顶住压力，从容不迫，表现出你十足的把握，那你多半能在面试中获胜。

3.掌握“瞬间展示”法

“瞬间展示”法的求职技巧主要包括以下两个方面：

其一，精选一分钟录像内容。由于只有一分钟，时间很短，因此说话内容不宜太多、太繁杂，着重讲好以下几个方面即可：

（1）自己的简历、家庭状况。

（2）自己的专业、主修的课程。

（3）曾担任过的社会工作。

（4）对自己未来工作的简单设想。

（5）应聘的态度。

（6）自己的抱负和理想。

其二，一分钟内注意的事项：

（1）在服装方面要特别打扮一下，衣着整洁，将会给人一种美的感觉，也是社交活动必备的。

（2）切忌蓬头散发，不修边幅。

（3）镇定自如，不要紧张。

（4）礼仪周全。开始时，先说声“你好”，然后再作自我介绍，最后不要忘了说声“谢谢”。

（5）内容要简单精练。

（6）说话声音要高低适中，吐字发音要清楚。

（7）自我介绍的话并不需要说得太多，但要句句说到点子上，这样就能轻易为你的面试加分。

/第十章/

求人办事，如何说才能事半功倍

请客吃饭，好理由“打头阵”

办宴容易请客难。请客吃饭不是一件容易的事，因为请人吃饭常常会遭到拒绝。采取何种方式邀请，要具体问题具体分析，根据办事的性质、对象而定。学者、专家、领导等，大多工作忙、时间紧，对他们最好提前约，以便他们做好时间安排；对某团体的要人，公开邀请，甚至借助传播媒介，就既能体现公正无私、光明磊落，又利于引起关注、促进宣传、扩大影响；而朋友密谈则悄悄地进行更利于避开旁人的视线，保证交往活动的隐蔽性；而比较重要的工作联系、业务关系、公关事务等就必须采用相应的公文格式，如发书信、寄请柬等，或者按照一定的规格派专人传达、亲自登门，以示重视、郑重和尊重。

1.以诚意邀请

以诚待人会受到别人的欢迎，每个人都喜欢直爽之人，都希望任何事情都讲究效率而不是陷入无谓的猜测。

说话饱含感情，指的是我们在邀请别人的时候，必须要表达出我们对对方如约应邀的渴望。比如，我们可以说：“如果您今天晚上不来，那真是一件遗憾的事，我们的老领导都不在，整个晚宴肯定也会大为失色。”而相反，如果我们简单地说“希望您届时参加我们的晚宴”这句没有感情色彩的话，就显得没有特别多的感情因素在里面。

无数的交际经验告诉我们，邀请他人的时候，一定要动之以情，让对方盛情难却，这样一来，我们的邀请也就成功了。

2.可采用连续邀请的方式

为展现诚意，有时候也可以采用喧宾夺主的邀请方式。喧宾夺主的核心在于“夺”。所谓“夺”，就是在最合适的地点或最合适的时间让对方无法拒绝。

说到底，请吃饭并不复杂，复杂的是做到宾主尽欢。我们在邀请时，既要有足够的诚意，也要注意说话技巧和方法，这些都到位了，才能为一次宾主尽欢的聚餐做好足够的铺垫。

3.营造邀请的气氛

给宴请找个理由，还让大家欣然赴约，这需要一定的技巧，更需要在特定的场合能够娴熟运用。

刚调到新科室，王明天天埋头苦干，从不多管闲事。但是，却长期得不到领导的认可，使得王明丈二和尚摸不着头脑。

后来王明仔细琢磨，才知道是怎么回事。科里有个习惯，每到周末一帮老同志喜欢找各种借口叫人请客，下馆子“撮”一顿。请客的理由五花八门，比如老张买彩票中了一两百，小刘新买了台电脑，胖姨家的女儿中考……实在找不到理由，就翻书，谁翻出的书页尾数最小，谁埋单。只有王明从不参加他们的集体活动。

虽然王明不喜欢凑热闹，可也不得不跟大家“打成一片”。这个周末，直到下班见没啥动静，王明急了，主动地站起来说：“我想请大家‘撮’一顿。”大家全都盯着他，老张笑道：“哦，中了头奖？”“不，不是。”王明赶紧搜肠刮肚找请客的理由，老半天才想出一条：“我前几天摔跤摔掉了门牙，这不，刚镶上一颗新牙。瞧见没有，花了七百多哩！”他一边说，一边张开嘴巴。

在一阵大笑中，全科的同事浩浩荡荡地往餐厅进发了。

为别人找好赴宴的理由，别人才能欣然赴宴，才能使宴会气氛自然和谐。从这个角度上说，别人是否会赴约，原因不在别人，就在于你是否为其提供了充足理由。

真诚相约，不虚情假意，不违约，不失信。有人曾邀请几位朋友到他家去做客。朋友信以为真，谁知他却是虚意敷衍，让朋友吃了闭门羹。他这种失礼行为，使朋友非常气愤。事隔多年，提及此事，朋友仍然耿耿于怀。

让对方做老师，切中他的自我重要感

每个人本质上都好为人师，因为人都有自我实现的欲望。人们渴望得到他人的认可和尊敬，希望自己比他人有更高一层的位置，特别是自认为经验丰富和取得了一些成就的人，他希望比别人优越的欲望会更大。

当我们用“求教”的方式向对方提问题时，正是迎合了他的这种心理，很快，你就可以拉近你们之间的“心距”。当你怀着谦虚和真诚的态度去求教他人时，几乎很少有人会拒绝你。

这时你们的关系已经从“陌生人”或者“其他人”的关系，变成了“向他求教的学生”“他帮助过的人”，因此他会觉得和你更亲近，即使你有更多的目的或者想法，也往往会进行得很顺利。

1.把别人摆在你老师的位置

日本推销大王原一平就深谙此道。经人介绍，原一平前去拜访一位建筑企业的董事长渡边先生。可是渡边并不愿意理会原一平，见面就给他下了逐客令。原一平并没有退缩，而是问渡边先生：“渡边先生，咱们的年龄差不多，您为什么如此成功呢？您能告诉我吗？”

原一平的提问方式非常诚恳，也把对方摆在了“老师”的位置，使他觉得自己有责任也乐意去教导别人。

2.永远使别人感觉他很重要

劳尔是铁管和暖气材料的推销员，多年来，他一直想和某地一位业务范围极广、信誉也特别好的铁管批发商做生意。

但是由于那位批发商是一位特别自负的人，他以无情、刻薄为荣，所以，劳尔吃了不少苦头。每次劳尔出现在他办公室门前时，他就吼叫：“不要浪费我的时间，我今天什么也不要，走开！”

面对这种情形，劳尔想，我必须改变策略。当时劳尔的公司正计划在某城市开一家分公司，而那位批发商对那个城市特别熟悉，在那个城市做了很多生意。于是，劳尔稍加思考，又一次去拜访那位批发商，他说：“先生，我今天不是来推销的，是来请您帮忙的，不知您有没有时间和我谈一谈？”

“嗯……好吧，什么事？快点儿说。”

“我们公司想在××开一家分公司，而您对那地方特别了解，因此，我来请您帮忙指点一下，您能指教一下吗？”

闻听此言，那位批发商的态度比以前有所缓和，他请劳尔坐下。在接下来的一个多小时里，他向劳尔详细地介绍了那个地方的特点。他不但赞成劳尔的公司在那里办分公司，还着重向他介绍了关于储备材料等方面的方案。他还告诉劳尔应如何开展业务。

最后，当劳尔告辞的时候，不但口袋里装了一大笔初步的装备订单，而且两人之间还建立了友谊，以后两人还经常一起去打高尔夫球。

3.从他人擅长的领域入手

小张和小孟是同一家公司的销售员，两人销售同一种产品，而且恰巧同时面对一个客户。小张销售时一直很专业地介绍自己的产品，却无法被客户喜欢和接受；而小孟大部分时间在与客户闲聊，并不时向客户请教一些问题，适当地表示感谢，对产品的介绍仅仅是一带而过，结果是小孟当场成交。为什么会这样?

为什么小张不被客户欢迎?是因为他一直在滔滔不绝地介绍自己的产品，而忽略了对客户起码的尊重。而小孟始终对客户恭敬有礼，不时地请教让客户感受到了足够的重视，给客户一种自己很重要的感觉，于是很自然地从情感上对小孟表示了认同，促成了这笔交易。

真诚地尊重对方，是打开对方心门的金钥匙。你要获得他人的认可，首先要让对方感受到自己的重要，这样才有可能获得你想要的东西。

交浅言深时，让他感受到你在为他着想

从心理需求的角度来讲，自己的需求永远是摆在第一位的，如果要求人办事，就要学会站在对方的角度，真诚地为对方考虑，掌握口才技巧，让客户喜欢你、相信你、接受你。

1.以利害打动人的内心

说服他人时，从对方的利益出发，是最容易达到说服目的的。

相对应的，我们在劝阻对方放弃固执、愚蠢、鲁莽、不智的举动时，也可以摆出利害关系，使对方心服口服。

有时候，我们的真诚劝阻之所以没有成功，是因为我们没有抓住对方固执的行为给他自己造成的危害。“打蛇打七寸”，会

使他的心理受到影响，促使他进行深入思考，从而放弃自己消极的、错误的行动。

2.以事实打动人内心

人人都相信事实，现实比语言更加具有说服力。

姜波是某油漆股份有限公司的推销员，公司刚刚开发了一种新型油漆，虽然广告费花了不少，但收效甚微。这种新油漆色泽柔和，不易剥落，防水性能好，不褪色，具有很多优点。这么好的产品推销不出去一定和策略有关，姜波通过仔细调研，最终决定以市内最大的家具公司为突破口。

这天，他来到家具公司，找到总经理，说："张总，听说贵公司的家具质量相当好，特地来拜访一下。久仰您的大名，您又是本市十大杰出企业家之一，您在这么短的时间内取得了这么辉煌的成就，真是太了不起了。"

张总听后，心里很高兴，于是向他介绍了本公司的产品特点，并在交谈中谈到他从最初一个贩卖家具的小贩，发展成今天拥有极具规模的大公司，还领姜波参观了他的工厂。在上漆车间里，张总拉出几件家具，向姜波炫耀那是他亲自上的漆。

姜波顺手将手里的饮料倒了一点儿在家具上，又用一把螺丝刀轻轻敲打，但总经理很快制止了他的行为。还没等总经理开口，姜波发话了："这些家具造型、样式是一流的，但这漆的防水性不好，色泽不柔和，并且容易剥落，影响了家具的质量，您看是不是这样？"

张总连连点头："是啊，最近听说有家油漆公司推出了一种新型油漆，但并不了解，没有订购。”姜波连忙从包里掏出了一块刷了漆的木板，把它放在身边的水池里，然后介绍说：“如果待会儿木板没有膨胀，就说明漆的防水性很好，如果用工具敲打，漆不脱落，放到火上烤，漆不褪色，就说明漆的耐用性强。”就在张总赞叹效果的时候，姜波亮出了自己的推销员身份。这家家具公司很快就成了姜波公司的大客户，双方获得了双赢。

姜波通过赞美对方，先让客户对自己建立了好感，然后通过产品展示引导客户进行理性思考，于是，客户很自然地接受了姜波的建议。就这样，姜波争取到了这家客户，达到了推销产品的目的。

3.尊重对方的意见

拜访客户或在平时交往时，谈论到一些话题常常会发生意见上的分歧，遇到这样的情况我们该如何应对呢？是凭借我们的专业知识驳倒客户，还是一味地迁就顺从他们？恐怕都不是最佳解决办法。

尊重客户的意见，不仅能为我们赢得客户的尊重，同时也是有修养的体现。

我们谁都不敢说自己的观点就是100%正确，也不敢说自己的眼光最好。因此，我们有什么理由不接纳他人的不同意见呢？而且有时因为我们的激烈辩驳，常引发客户强烈的逆反心理与厌恶心理，眼看着能成功的合作也会因此而搁浅。多一分包容心，多一点儿尊重，最终获益的总是我们自己。

尊重客户的意见并不是要抹杀我们的观点与个性，而是指对方陈述其意见时切勿急于打击、驳倒。

软磨硬泡，婉求不如央求

求人办事最忌讳的就是遇到困难就退缩的态度，或没有耐心。有很多事情，不是一时半会儿就可以解决的，你要找出问题的症结、了解对方冒险的程度、考验对方的实力、找出对方的弱点、知道对方的要求，或者要改变对方的期望程度，等等，这些都需要时间来完成，甚至应该知道对方处在压力下会做出什么选择，这一切都是需要时间的。如果没有坚强的意志、毅力，是不会达到你理想的目标的。

面对敏感的问题，有时说服对象表达出现了障碍，说服者无法获得满意的答复，然而，这一答复对于说服又至关重要。面对这种情况，有经验的说服者会设计出一系列问题，或纵向追问，或横向追问，从而“挤”出一种明确的答案，搞清事实。

1.坚持不懈地求人办事

巴普自办了一个剧场，却总无戏剧评论家前来光顾，他深知没人宣传就没有观众，于是大胆闯入《纽约时报》。巴普点名要见著名评论家艾金森，凑巧艾金森在伦敦访问，巴普干脆待在报社不走：“我就等到艾金森先生回来！”艾金森的助手吉尔布无奈，只好询问其原因。巴普便大施说服之术，说他的演员如何优秀、观众如何热烈，最后摊牌：“我的观众大多是从未看过真正舞台剧的移民，如果贵报不写剧评介绍，那我就没经费继续演下去了！”吉尔布见其态度坚决，不由感动了，答应当晚就去看戏。谁知，露天剧场的演出到中场休息时，便遇上了滂沱大雨，巴普一次次地游说，真诚也有，“无赖”也有，几天后一篇半拉子戏的简评见报，巴普剧场也日渐红火起来。

欲速则不达，要成功说服一定要周密策划、沉着应付。对方施硬，你就来软；对方转软，你要变硬；应该讲法时，对他讲法；应该说理时，和他说理；应该论情时，与他论情；应该谈利害时，向他谈利害；用各种方法来轮番“轰炸”，始终坚持，绝不妥协。在说服过程中，耐心是最强而有力的武器，尤其是当对方已经感到厌烦或放弃与你争论的时候，只要你再做最后的坚持，不利的形势就会好转。

2.不达目的誓不罢休

在求别人办事时，有时候对方虽然能办，但是他却找各种各样的理由搪塞，弄得你无可奈何。这种情况下，有些性格顽强的人，他们软磨硬泡、友好地赖着对方，一副不达目的绝不罢休的样子。到最后，对方不得不答应他的请求。

宋朝的赵普曾做过太祖、太宗两朝皇帝的宰相，他是个性格坚韧的人。

在辅佐朝政时自己认定的事情，就是与皇帝意见相悖，也敢于反复地坚持。

有一次，赵普向太祖推荐一位官吏，太祖没有允诺。赵普没有灰心，第二天临朝又向太祖提出这项人事任命请太祖裁定，太祖还是没有答应。

赵普仍不死心，第三天又提出来。

连续三天接连三次反复地推荐，同僚也都吃惊，赵普何以脸皮这样厚。太祖这次动了气，将奏折当场撕碎扔在了地上。

但赵普自有他的做法，他默默地将那些撕碎的纸片一一拾起，回家后再仔细粘好。第四天上朝，话也不说，将粘好的奏折举过头顶立在太祖面前不动。太祖为其所感动，长叹一声，只好准奏。

同样的内容，两次、三次不断地反复向对方说明，从而达到说服对方的效果。运用这种说服法，须有坚韧的性格才行，内坚外韧，对一度的失败绝不灰心，找机会反复游说，直到答应为止。

在运用此法时，应注意不要超过限度，否则伤害了对方的感情，反而会得到相反的效果。

3.采用哀兵策略

当电话销售人员山穷水尽无法成交时，由于多次的电话拜访和客户多少建立了一些交情，此时，若面对的客户不仅在年龄上而且在头衔上都超过销售人员时，可采用哀兵策略，以让客户说出真正的异议。

而销售人员一旦掌握了客户真正的想法、了解了客户的真正异议，只要能化解，销售人员的处境将有180度的戏剧性大转变，订单也将唾手可得。

通常来说，使用哀兵策略，要遵循以下步骤进行：

（1）态度诚恳，说出请托的言辞；

（2）感谢客户，并真切恳请客户坦诚指导自己销售时有哪些错误；

（3）诱使客户说出不购买的真正原因；

（4）了解原因后，再度销售。

求别人帮忙，说话有技巧

在日常生活中，请求别人帮助是司空见惯的事。所不同的是：有的人求别人办事，对方能心甘情愿地应允；但是有的人虽费尽九牛二虎之力，却总是以失望而归。

其实，只要抓住别人的心理特征，再注意一下说话的技巧与分寸，就很容易让别人对你伸出援助之手。

1.争取获得理解

当我们向别人求助遭到拒绝时，往往会发现对方其实并没有经过深思熟虑，只是因为意气用事或其他一些细小的原因而做出了拒绝的决定，这时候，我们就应当站在第三者的观点上，帮助对方分析其决定，然后再促使其答应我方的请求。

不管你愿不愿意，求别人帮忙总是不可或缺的，所以，一定要掌握好求别人帮助时的分寸。

2.态度要诚恳

我们向别人借东西能否取得成功，不仅仅取决于和对方的关系如何，还与我们的语言表达恰当与否有很大的关系。因此，我们在向别人借东西时，也要注意说话的分寸。

向别人借东西要说实话，除非是自己隐秘的事不能对人说。但不能为借得容易而编个顺当理由拿假话骗人。尤其对归还日期要守诺，比如你借钱时明明近日还不了，为了使人家乐意借，就说："过几天就还。"或说："明天就还。"结果不能如期归还，人家就会把你看成不守信用的人，下次再借可就难了。另外，借别人东西时很重要的一点就是一定要说明归还时间，而且要准时归还给人家。比如，你与同事一起去商店，看见了一条新式裙子，你想买下来，赶巧手里钱不够，你就可以说："小王，你先借给我一百元钱，等回去就给你。"说明了归还时间，使人家感到借出去的钱有了保障，才会放心地借给你。

3.以委婉方式表达

作家冯骥才访问英国时，一位非常友好的华人携全家来访，双方相谈甚欢。突然冯骥才发现客人的孩子穿着鞋子直接跳到了他洁白的床单上，而孩子的父母并没有发现。这时冯骥才的任何表示不满的言辞或表情，都可能导致双方的尴尬，于是幽默帮了大忙，他微笑着对孩子的父母说："请把孩子带到地球上来。"作家大词小用，使双方心领神会。客人在忍俊不禁的同时很快制止了孩子的举动，一次小小的尴尬就这样不动声色地避免了。

求人办事，太刚易折，刚柔相济方能无往不胜。许多时候，事情并不像我们想象的那样顺利。如果有幸遇上一位宽宏大量的贵人，当然会一路顺风。但是，如果遇上的是一位爱斤斤计较、喜欢高高在上的人，你就要谨慎选择委婉周全的办事策略。这样，可以避其锋芒，从侧面迂回发动进攻，既保全了对方的面子，又能达到自己的目的，何乐而不为？委婉周全地办事有许多诀窍，如欲取先予、委曲隐晦等，只有结合具体情况加以巧妙地利用，方能以最小的投入获得最佳的办事效果。

当你请别人帮忙，别人没有答应时，千万不要说气话。比如你向别人借钱，人家说："对不起，我昨天刚存入银行。"你就不要说出："怎么这么巧，偏偏我来借时你就存了银行。"结果大伤和气。你在借钱不成时，如能对人家说："我知道你手头也不宽绰，我再到别人家看看。"这话让人觉得你能体谅人。

让对方信任自己，化解他人的敌意

信任是一种高尚的情感，信任更是一种连接人与人之间的纽带，信任能够化解他人的敌意。

实际上，人和人在情感上总会有相通之处。如果你愿意向对方袒露心声，有时会一下子赢得对方的心、赢得一生的友谊。

1.展现自己的真实面

研究交际心理学的人士指出，让别人看到自己的缺点或弱点，别人才会觉得你真实可信，不存虚假，从而产生亲近感；反之，完全把自己"藏起来"，就会使人感觉造作、虚伪、有压力。

小敏是同宿舍中最擅长交际的一个，人也长得漂亮。同宿舍的其他女孩都找到了自己的男朋友，唯独漂亮、擅长交际的小敏仍是独自一人。

为什么呢？她身边的同学都表示，她太神秘，别人很难了解她。和她有过接触的男同学也说，刚开始和她交往时，感觉她是个活泼开朗的女孩，但时间一长，就发现她很自私。原来，小敏一直对自己的事情讳莫如深，也从不和别人谈论自己，每当别人问起时，她就把话题岔开，怪不得同学们都觉得她神秘，不愿意与她深交。

只要自己不伪装自己，把自己最真实的一面展现在大家面前，别人才会觉得你很真诚，才会和你结交。

当然，展现真实的一面，需要真诚以待，但是最真诚的人不管对待朋友还是对待亲人都有一个特点，就是说话时不太圆滑。所以，一定要控制好自己的说话方式。

2.用承诺吸引别人

在人际交往的时候，最好不要开“空头支票”。“空头支票”不仅仅会增添他人的无谓麻烦，而且还会损害自己的名誉。华盛顿曾说：“一定要信守诺言，不要去做力所不能及的事情。”

3.真诚地建立自己的口碑

你听说过带闹钟的推销员吗？他就是齐藤竹之助。

齐藤竹之助每次登门推销时总是随身带着闹钟，当会谈一开始，他便说：“我打扰您10分钟。”然后将闹钟调到10分钟后的时间。时间一到，闹钟响起，他便起身告辞：“对不起，10分钟时间到了，我该告辞了。”如果双方商谈顺利，对方会建议继续谈下去，他便说：“那好，我再打扰您10分钟。”于是，他又将闹钟调到10分钟后的时间。一部分顾客在第一次听到闹钟的声音时很是惊讶。他便和气地解释：“对不起，是闹钟，我说好只打扰您10分钟，现在时间到了。”

齐藤竹之助以时间博得对方的信赖，给人一种说到就会做到的感觉，这成为他的营销特色。

现代市场营销充满竞争，产品的价格、品质和服务的差异已经变得越来越小。销售人员也逐渐意识到竞争核心正在于自身，懂得“推销产品，首先要推销自我”的道理。要“推销自我”，首先必须赢得顾客的信任，没有顾客的信任，就没有展示自身才华的机会，销售成功更无从谈起。很多时候，我们销售的不是商品，而是信赖感。

俗话说：“先做朋友，后做生意。”正如莎士比亚说：“最伟大的爱情用不着说一个爱字。”套用莎翁的话，最伟大的社交高手也用不着说：“我是非常守信用的。”你的一举一动、一言一行都能表明自己是否值得信赖。有时，哪怕是一个极不起眼的细节，也可能使你信誉倍增。

所以，如果想在为人处世中占得先机，不妨先兜售你的信任、建立你的口碑，这样自然就能赢得人心，从而获得人心。

真诚地将他人视为朋友，真切地关注他们的内心世界，才能使他人放下本能中的敌意，建立对你的信任。当两个人有了信任之后，不但话好说了，连办事也有了底气了。